이제
그만
배우고
깨달은 대로
살아요

머리말

다름을 인정하면 웃을 수 있어요. 우리 사회에는 모두가 공감하는 좋은 말들이 많다. 이 근사하고 좋은 글귀들을 자신의 삶과는 전혀 무관한 별개의 이야기로 대게의 사람들이 곳곳에서 너무나 자주 이야기한다. 좋은 글인데 진부하고 식상하게 여겨지는 이유가 여기에 있다. 내 삶 안에서 다름은 무엇이고, 나는 그 다름을 어떻게 인정하고 사는지 스스로의 삶으로 설명할 수 있어야 이 좋은 글귀가 의미를 갖게 된다. 본디 디테일이 없는 이야기는 공허하고 재미가 없다.

이 책은 짧은 그림책을 매개로 그 디테일을 반복적으로 소개하고 있다. 일면 똑같은 이야기처럼 보일지도 모르겠다. 똑같아 보일지도 모를 자신만의 디테일을 찾는데 이 반복적인 에피소드가 도움이 되지 않을까? 나아가 내 삶의 디테일에 필요한 〈화두〉와 〈생각꼭지〉를 통해 여러분의 삶이 보다 더 풍부해 질 수 있는 기회가 되기를 희망한다.

삶의 지혜를 찾는 일. 곧 철학 하는 일은 생각보다 고단하고 힘들게 여겨질 때가 많다. 이 책 속에 실린 사진들로 그 고단한 여정에 마음의 위안이 되고자 한다.

늘 철학하게 만드는 나의 딸 여은이와
끊임없이 생각할 수 있는 힘을 깃게 해준 나의 어머니 순영씨,
책으로 엮을 수 있게 용기를 주신 대가출판사 김호석사장님께
고마운 마음을 전해드린다.

저자 씀

차례

소통

내 **삶**에 **철학**을 담아

살자! 웃자! 신나자!

생각하는 힘을 키우고

자존감을 높이는 명품수다!!

개똥철학으로 풀어내는 행복찾기!!!

사진으로 떠나는 힐링여행이 함께 합니다!!!

생생지락(生生之樂)을 꿈꾸다

도대체 **인문학**이 뭐지? 뭐야?

나를 둘러싼 모든 인간관계에서 벌어지는 문제들에 대한 이해, 그 문제들을 해결하기 위한 고민의 과정을 모두 포함한다. 나를 둘러싼 인간관계는 다양하다. 아주 가깝게는 엄마와의 관계, 아빠와의 관계, 형제자매, 선생님, 옆집 아줌마, 택배 받을 때 주로 마주하게 되는 경비아저씨, 직장에서 만나지는 상사와 부하직원, 옷깃만 스쳐도 인연이라 일컬어지는 일면식도 없는 길거리에서 만나지는 사람들과도 우리에게는 문제관계가 형성된다.

이렇게 만나지는 인간관계 안에서 상처받고, 불편해지고, 행복하지 않은 상황들을 해결하기 위해 삶의 지혜(철학)가 필요하게 된다. 나에게 벌어지는 모든 불편한 인간관계에 대해 이해하고 고민하는 과정을 통해 문제를 해결하는 지혜를 발견하게 된다. 그러한 지혜가 곧 나의 철학이고, 삶의 가치가 되고 소신이 되는 것이다.

나를 둘러싼 인간관계 안에서 행복해지고, 불편하지 않고, 상처받지 않기 위해서는 우리가 자주 부딪히는 문제관계에 대한 제대로 된 이해가 필요하다. 그 이해를 위해 꼭 필요한 것이 〈생각〉이다. 생각은 질문으로부터 시작된다. 현재 나를 힘들게 하는 인간관계의 문제에 대해 제대로 된 이해를 돕기 위해 우리에게는 **질문하는 기술**이 필요하다. 인간관계 문제의 제대로 된 해결을 위한 시작은 바로 〈나〉의 변화로부터 시작된다.

지금 나는 누구와의 관계가 가장 힘든가요?

왜 그런가요?

그 문제를 해결하기 위해서는 어떤 변화가 필요한가요?

문제 관계를 해결하기 위해서

〈내〉가 해야 할 노력에는 어떤 것이 있나요?

다양한 인간관계 중 문제관계는 누구나 직면하고 있다. 그
것이 작은 문제라고 생각되어지든, 그렇지 않든 누구에게
나 문제관계는 존재한다고 보여진다. 그러나 그 문제관계
를 인지하는 과정에서 대게의 경우는 문제의 원인이 타인
에게 있다고 생각하는 경우가 많다. 문제의 원인이 타인에
게 있고 현재 내가 직면하고 있는 문제관계를 해결하기 위
해서는 원인 제공자인 타인이 제공하는 문제의 원인이 제
거되면 해결될 것이라고 믿는다.

그래서 결국 나 자신이 해결하고자 하는 노력에는 관심을 가질 수가 없고, 원인을 제거하지 않는 타인에 대한 분노가 자라게 된다. 그러나 단순한 질문 몇 가지만으로도 소위 〈생각〉이라는 것을 하게 되면 내가 직면한 문제관계의 원인이 꼭 타인에게만 있지 않다는 것을 알게 된다. 문제의 원인이 나에게 있다고 판단하는 경우는 화의 강도가 그다지 크지 않다.

불필요한 화를 줄여보자.
문제관계란 쌍방 모두에게 문제가 있겠지만 타인이 제공한 원인에 집중하기보다 내가 할 수 있는 노력에 대해 고민해 볼 수 있도록 질문하는 기술에 관심을 가져보자. 우리 주변에서 쉽게 접할 수 있는 짧은 그림책을 읽고 간단한 질문의 화두를 던져보자. 단순하지만 많은 생각을 하게하는 **질문**이 우리의 삶을 풍부하게 만들어 줄 것이다.

너와 나

인간관계는 〈나〉와 〈너〉의 관계다. 관계 맺은 인간 사이에서 벌어진 문제를 정확히 이해하기 위해서는 〈나〉도 알아야 하고 〈너〉에 대해서도 알아야 한다. 〈너〉는 둘째 치고 우선 〈나〉에 대해 알아보자. 나는 〈나〉를 얼마만큼 알고 있을까? 스스로에게 질문을 던져보자.

〈나〉에 대해 알기 위해서는 많은 질문이 필요하다.

〈나〉를 알기 위해 무엇보다 중요한 것은 **구체적**이고도 **자세히** 대답하는 것이다. 뒤에 나열된 질문에 몇 가지나 대답할 수 있는지, 뒤에서 묻고 있는 질문에 대해 생각해 본 적이 있는지, 그 질문들에 대해 얼마나 자세히 대답할 수 있는지 생각해 보자.

얼핏 내가 나를 가장 잘 알고 있는 것 같지만, 대개의 경우 나를 잘 알지 못할 때 인간관계의 문제가 더 크게 드러나기 마련이다. 〈나〉에 대해 한마디로 정의하기 어렵다. 다음 질문에 나는 몇 가지를 대답할 수 있는지 생각해 보자.

단순하게 대답하기는 어렵지 않지만 자세히 답하기는 막막하다. 뒤에 나열된 질문을 마주하고 보면 내 스스로가 나에 대해 얼마나 모르고 있는지, 또 나에 대해 얼마나 많이 생각하지 않고 사는지를 알게 된다. 이러한 사실을 아는 것도 **〈나〉에 대해 알아 가는 것이다.**

- 나의 이름과 나이는?
- 내가 좋아(싫어)하는 계절은?
- 내가 좋아(싫어)하는 색깔은?
- 내가 좋아(싫어)하는 과목은?
- 내가 가장 좋아하는 음식은?
- 내가 가장 좋아하는 과일은?
- 나는 어떤 아이(어른)가 되고 싶나?
- 내가 가장 여행하고 싶은 곳은?
- 내가 떠나고 싶은 때는?
- 내가 좋아하는 놀이는?
- 내가 가장 슬플(기쁠) 때는?
- 내가 가장 좋아(싫어)하는 사람은?
- 내가 가장 하고 싶은(하고 싶지 않은) 일은?
- 내가 좋아하는 운동은?
- 내가 잘(못)하는 것은?
- 내가 가지고 싶은 데 못 가진 것은?
- 나의 가장 친한(부러운, 싫은) 친구는?

- 가장 기억에 남는 영화는?

- 내일로 미루고 싶은 일은?

- 다시 태어나면 어떻게 태어나고 싶은가?

- 하루 중에 가장 기분 좋은 때는?

- 하면 안 되는 일인데 꼭 해보고 싶은 것은?

- 나의 마음을 가장 잘 표현한 노래는?

- 오늘 꼭 하고 싶은 일은?

- 세상에 없었으면 좋겠는 세 가지는?

- 매일 가는 곳은 어디인가?

- 나를 가장 괴롭히는 것은?

- 잠자리 들기 전에 마지막으로 하는 것은?

- 사랑하는 사람이 있나?

- 내가 스트레스 해소하는 방법은?

- 가장 재미있었던 책은?

- 즐겨보는 TV프로그램은? 좋아하는 연예인은?

- 나는 어떤 동물과 가장 비슷한가?

- 내가 궁금한 것은?

상기된 질문에 대답을 하고, 그 대답에 **"왜?"**라는 질문을 던져 보자. 좀 더 많은 사실에 대해 생각을 할 수 있게 되고, 그러한 생각을 통해 나 자신을 좀 더 깊이 있게 들여다볼 수 있게 될 것이다. 그리고 같은 질문에 대해 타인은 어떤 생각을 이야기하는지 공유해 보라~ 상상을 초월하는 재미난 이야기를 듣게 될 것이다. 나와는 다른, 나는 생각조차 해 본 적이 없는, 이야기들을 듣는 즐거움은 생각보다 크다.

수많은 질문을 하고
질문에 답하기 위해 생각하고
그렇게 얻어낸 생각을 타인과 공유해 보자

질문이 중요하다는 것은 모두가 알고 있는 사실이다.
"백설공주에 난장이가 몇 명 나올까요?"

질문도 다 같은 질문이 아니다. 생각을 하게 할 수 있는 질문이 좋은 질문이다. 정답이 있는 질문은 생각을 할 수가 없다. 그런 의미로 "7명"이라는 정답을 묻는 질문은 좋은 질문이 아니다. 그럼 좋은 질문은 어떤 질문일까? 답이 여러 개인 질문!! 어떤 답도 정답이 되는 질문!! 정해진 답이 없는 생각을 묻는 질문이 바로 좋은 질문이다.
〈생각〉을 할 수 있도록 도와주는 질문은 어떻게 만들까?
그저 '왜?' 라고 물으면 된다.

"백설공주는 난장이들이 그만큼 낯선 사람에게 문을 열어주지 말라했는데, 왜 그렇게 끊임없이 문을 열어주었을까요?"

호기심이 많아서
외로워서
심심해서
거절하지 못하는 성격이라서
멍청해서
정이 많아서
사람을 잘 믿어서
별일 없을 것 같아서
나는 남자라서 공주 나오는 책은 안 읽어요!!

쏟아지는 모든 생각들이 정답이다.

이런 생각들은 모두 자신의 성장과정의 경험치들이 바탕이 되어 나오는 이야기들이다. 얼마나 다양한 삶의 경험들을 공유할 수 있는지…

나와 다른 타인의 생각을 듣는 것이 공부다. 옳고 그름을 따지지 않고 **"네 생각이 그렇구나, 나랑 다르구나"**라고 생각할 수 있어야 한다. 거절을 아주 잘 하는 누군가는 평소 자신의 생각을 명확히 이야기하지 못하고 지지부지 끌려다니면서 원치 않는 일을 뿌리치지 못하는 사람을 답답히 여겼으나, '거절하지 못할 수도 있구나!'를 인정하고 존중할 수 있으면 거절하지 못하는 성격의 소유자를 답답해하며 무시하지 않을 수 있게 된다. 있는 그대로 믿는 것. 있는 그대로의 모습에 가치를 부여하지 않는 것. 그것이 존중이다.

이 책은 질문에 관한 이야기다.
질문을 통해 **생각**을 해야 한다
그렇게 얻어진 생각으로 〈나〉를 알고 〈너〉를 이해하게 될 것이다.

나 자신이 어떤 사람인지 알고, 나와 타인이 어떻게 다른지 이해하고 존중할 수 있으면 나와는 다른 사람과의 만남으로 일어날 수 있는 불편함에 대해 화가 나지 않을 수 있고, 불편함을 받아들이는 힘을 얻을 수 있다. 불편히지 않고 어떻게 함께 살 수 있을까?

서로 다른 생각이 만나면 불편하다. 불편함을 있는 그대로 받아들이고 존중하는 것이 소통이다. **지피지기**(知彼知己)**면 소통**(疏通)**이다**.

우리는 질문에 익숙하지 않다.

그저 누군가 했을 있는 그대로의 행동에 "왜 그랬을까?"
라고만 물을 수 있으면 OK.

그리고 그 대답을 나의 가치기준으로 평가하지 말아야 한다.

"어떻게 그럴 수가 있어?"라는 말에는 "그렇게 해서는 안
돼."라는 의미가 내포되어 있다. 이말은 그렇게 행동한 사
람의 있는 그대로의 모습을 존중하지 않는 발언이다.

**타인의 행동에 옳고 그름을 논하지 말고,
묻고 그저 듣자!!**

"어떻게 그럴 수가 있어?"가 아니고 "왜 그랬어?"
그리고
"그랬구나!"라고 이야기할 수 있어야 한다.

백설공주가 문을 계속 열어주어서 문제를 일으킨 사실에
집중하지 말고 "그럴 수도 있겠네, 심심하면 그럴 수도 있
었겠다"라고 말할 수 있어야 한다. "아무리 그래도 그렇지
문을 그렇게 계속 열어 주면 돼?"라고 말하지 않는 것! 그
것이 존중이다.

아무리 그래도 그렇지 문을 그렇게 계속 열어 주지 않을 수
있는 것은 자기 자신이고, 자기 자신이 아무에게나 문을
열어 주지 않을 수 있다고 해서 남들도 다 그렇게 할 수 있
다고 생각하는 것은 큰 오류이다. 이는 우리가 자주 그리
고 무의식적으로 범하는 아주 흔한 오류이기도 하다.

존중이 되고 나면 같이 고민할 수 있다.
어떻게 하면 거절할 수 있을까?
"심심하지 않게 할 수 있는 방법에 대해 함께 생각해 보자"
등의 문제를 함께 해결하려고 하는 노력은 공존이다.
서로 다른 사람이 함께 살아가는 것이다!!

질문하고 생각하기
자세하고 구체적으로 표현하기
다름을 알고 존중하기
소통하기

그림책, 영화, 시, 소설, 드라마 또는 〈단어〉 등
함께 보고 서로 다르게 느끼는 것에 대해 이야
기를 나누어 보자. 서로가 얼마나 **다른 생각**을
하고 있는지 경험하는 것이 필요하다.

글 구성이 산만하게 여겨질 수도 있겠으나 우
리 삶을 다양한 화두를 통해 생각해 보는 작업
이라고 이해해 주기를......
독자와 생각을 공유할 수 있는 다양한 책을 소
개하고자 한다. 책 속에서 책을 소개받는 일은
내가 개인적으로 좋아하는 일이다.

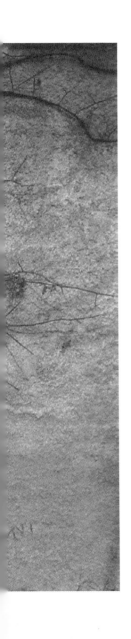

그림책으로
만나는 인문학

다름과 틀림

빅토리아 페레스 에스크리바 글 / 클라우디아 라누치 그림, 조수진 옮김, 한울림스페셜

「눈을 감아 보렴!」은 눈이 보이지 않는 시각장애인 형과 동생의 이야기다. 똑같은 사물(나무, 뱀, 시계, 더러워진 몸, 비누, 전구, 달, 아빠)을 두고 각자 다른 느낌을 이야기한다. 동생은 주로 눈으로 보고 느낀 것을 말하고 있지만 시각적인 기능을 사용할 수 없는 형은 만지고, 냄새 맡고, 귀로 듣고 느낀 것을 표현한다. 흔히들 시각장애인은 청각이나 촉각 등이 발달했다고 말하지만, 시각에 장애가 없는 우리도 잠시만 눈을 감아보면 들리지 않았던 소리가 들리기 시작하는 것을 쉽게 경험해 볼 수 있다. 책을 읽는 지금 이 순간 그 곳이 어디든 한번 눈을 감아보자.

동생은 자신과 다른 경험을 이야기하는 형을 받아들이기 힘들어 한다. 동생은 아빠에 대해 "아빠는 키가 크고 모자를 썼어."라고 자신이 본 것을 이야기하고, 형은 "무슨 소리야? 아빠는 뽀뽀할 때 따갑고 담배 냄새나는 사람이야."라고 피부로 느껴지고 냄새나는 대로를 이야기한다. 둘 다 옳고, 둘 다 맞다. 단, 서로의 관심사와 느끼는 부분이 다를 뿐이다. 엄마는 형을 이해하기 힘들어하는 동생에게 눈을 감아보라고 권한다. 그러면 비로서 형을 이해할 수 있을테니까. 비로서 형의 입장이 되어 볼 수 있으니까, 비로서 형이 느끼는 것을 존중할 수 있으니까. 물론 형도 눈을 떠 볼 수 있다면 이 형제의 엄마는 형에게도 눈을 떠 보라고 권했을 것이다.

이 책은 마치 장애가 있는 사람과의 소통에 관한 이야기 같지만 결코 비장애인과 장애인과의 소통에만 국한된 이

야기는 아니라고 생각한다. 장애가 있고 없고를 떠나서 우
리는 충분히 무언가에 대한 어떤 가치를 각자 다른 시각
으로 이해하고 있는 경우가 많다. 그럼에도 불구하고 내가
생각해 보지 않은 다른 어떤 가치를 받아들이기 힘든 것은
비단 이 책에 등장하는 동생만의 이야기는 아닐 것이다. 주
입되고 암기에 익숙한, 외우다시피 무의식적으로 받아들이
고 사는 사회적인 관념, 정답만을 고집해온 우리 교육의 현
실을 볼 때 다양한 시각을 존중하는 것이 쉽지만은 않다.

우리는 이 책을 통해 형이 왜 나와 다른 생각을 하고 있는지 생각해 볼 수 있다. 그리고 나의 생각과 나의 느낌과는 다른 형의 생각들이 비록 나에게 익숙하지 않은, 또는 경험해 보지 못한 것이지만 결코 틀리지 않았음을 인정할 수 있는 힘을 갖게 될 것이다. 틀린 것은 잘못된 것이기 때문에 고쳐져야 하는 것이지만, 다름은 틀린 것이 아니기 때문에 고쳐져야 할 것이 아니라 있는 그 자체로, **다른 그 자체로 존중받아야 하는 것이다.** 그러나 우리는 습관적으로 나와 다른 것을 다르다고 인정하지 못하고 틀렸다고 생각히는 경우가 많다. 이 책에서 동생이 자신이 느낀 것과 다른 것을 말하고 있는 형을 잘못되었다고 했던 것처럼 말이다.

다름을 인정해 내는 힘은 결코 이러한 책을 읽었다고 가능해지는 것은 아니다. 내 삶의 어느 곳쯤에서 똑같은 상황이 벌어지고 있는지를 생각해 낼 수 있을 때 가능해진다.

우리는 모두 성장 과정도 다르고, 현재 처해진 상황도 다르다. 책에 등장하는 형제처럼 말이다. 눈이 보이고 안 보이고의 단순한 문제가 아니다. 눈을 감아 볼 수 있다는 것은 상대를 이해하기에 충분히 좋은 조건이다. 대게의 경우 눈을 감아보지 않은 채로 상대를 존중하고 이해해야 하는 경우가 우리 삶에는 훨씬 더 많다. 큰 마음을 먹고 작정을 하더라도 눈을 감지 않은 채 소리에 민감하게 반응하기란 매우 어려운 일이기 때문이다. 마치 고기를 먹어보지 않은, 풀도 되새김질 해야 하는 소화구조라 먹을 수도 없는 소에게 고기는 매우 맛있는 것이라고 말하고 있는 사자를 받아들인다는 것은 생각보다 힘든 일이다.

다름을 인정하라고, 다름을 인정해야 한다고 누구나 생각하고 쉽게 말하지만, 말처럼 쉽지가 않다. **쉬울 수가 없다.**

누구나 나와 다른 부분을 인정하고 존중해야 한다고 생각한다. 그 어느 누구도 이 사실을 모르고 있는 사람은 없다. 다만 내 삶의 어느 부분에서 어떤 사람과의 만남에서 내가 나와 다른 생각을 하고 있는 누군가를 존중하고 있는지 생각해 볼 필요가 있다. **그것이 내가 진짜로 아는 것이다.**

책을 읽는 것에서 멈추지 않고,
내 삶으로 가져와 적용시켜 볼 수 있을 때
진정 책 속에 길이 있다고 말할 수 있을 것이다.

약에 대한 생각 차이

30대 중반의 정신 건강한 부부를 상담한 적이 있다.

결혼 9개월차

서로 다른 부분에 대해 한참 불편해하고 당황스럽고 힘든 시기다. 이들은 여느 부부처럼 치약을 중간에서 짜는지 끝에서 짜는지 등의 아주 사소한 것부터 경제에 대한 설계에 이르기까지 무수히 많은 서로 다른 부분들을 가지고 있다. 그 중 약에 대한 생각이 극명하게 차이가 났는데, 아내는 아프면 약을 먹어야 한다는 생각이 강하고 남편은 몸의 자연치유능력이 뛰어나기 때문에 약은 오히려 몸에 해롭다고 생각한다.

아내는 아플 때 남편에게 서운하다.

아프다고 하면 약을 사다주면서 빨리 나으라고 따뜻한 말 한마디 전해주면 좋으련만…

세상 무관심할 수가 없다.

나를 사랑하고 있는 것이 맞는지도 모르겠고,

친정에서 아플 때 위로받고 관심받던 것과는 너무 달라 서럽기도 하다. 앞으로는 남편이 자신이 아플 때 약을 사다주면서 따뜻한 말 한마디 해주기를 희망했다.

한편

남편은 몸에 독이 될 것이 뻔한 약을 아픈 아내에게 주는 것이 불가능하다. 오히려 아플 때 아내가 약을 먹지 않았으면 좋겠다고…

하지만 노력해 보겠다고 한다.

내가 남편에게 원하는 것을 달라고 할 때, 남편이 줄 수 있는 것인지 없는 것인지를 반드시 생각해 볼 필요가 있다. 누군가 줄 수 없는 것을 달라고 하는 상황이 빚어질 수 있기 때문이다.

내 삶의 경험이 만든 나의 기준으로 남편 삶의 경험으로 만든 남편 삶의 기준을 알지 못한 채 무엇인가를 기대할 때 우리는 삶의 많은 부분에서 상처를 받게 될지도 모른다.
대화가 필요하다. 약에 대한 생각차이를 알 수 있는 대화!!

약을 먹는 것이 옳다 & 약을 먹지 않는 것이 옳다
이때 논쟁은 필요하지 않다.
이러한 논쟁은 서로 다른 생각의 공존을 인정하지 않는 불필요한 논쟁이다.

그저 약을 먹는 것이 좋다고 생각하는 아내의 생각을 듣고 약을 먹지 않는 것이 좋다고 생각하는 남편의 생각을 듣는것!! 이것이 대화다.

대게의 경우 다른 생각을 하고 있는 타인이 틀렸기 때문에 내가 설명을 열심히 해서 상대의 생각을 바꾸고자 하는 행동을 하면서 대화라고 일컫는 경우가 많다. 아내는 끊임없이 약의 효능에 내해 이야기 하고 남편은 악의 유해함을 끊임없이 설명하는...

타인의 이야기를 듣지 않고 자신의 생각을 관철시키기 위해 끊임없이 노력하는 대화!!!

이것은 대화가 아니라 무시다!!

우리는 자신만의 기준으로
타인의 생각을 귀 기울여 집중하지 못한 채
자신의 생각만을 강요하는 우를 종종 범하게 되는데
이것이 타인을 철저하게 **무시**하는
행동이라는 것을 인지하지 못하는 듯하다.

이 건강한 30대 부부는 서로가 얼마나 다른 생각을 하고
있는지 확인하는 시간을 가질 수 있었고, 서로를 존중할
수 있도록 노력하기로 했다. 이를테면 남편은 아내에게 약
을 먹지 말라고 강요하지 않고, 아내 또한 남편에게 약을
먹으라고 강요하지 않는 것!!, 이것이 서로가 다른 생각을
하고 있는 부분에 대한 존중이 아닐까?
더욱이 살아온 경험치가 있어서 아플 때 약을 사오지 않는
남편이 일면 무관심하게 보여 서운한 마음이 드는 것이 당
연하겠지만, "그것 조금 참지! 그것도 못견디고 약을 먹
네. 약 먹지 말고 좀 견뎌봐. 약이 얼마나 몸에 안좋은데..."
라고 자신의 생각을 강요하지 않는 것이 남편에게도 힘든
일임을 아는 것!!
이것이 **존중**이다.

해서 서로 다른 생각을 아는 일과 그를 존중할 줄 아는 것이 얼마나 힘든 일인지를 새삼 깨달은 남편이 한마디 한다.
"아! 참 어렵네요^^"
"네~, 어려운 일 맞습니다."
"이혼하는 사람이 이상한 것이 아니고 결혼 생활을 유지하는 사람들이 대단한 사람이라고 생각해요. 서로 다른 수많은 부분을 존중하며 사는 것이 보통 일은 아니거든요."
화기애애해진 이들 부부에게 화두 하나를 던진다.
"아직은 아기가 없지만 아기가 성장하는 과정에서 부지기수로 아프거든요. 그때는 어떻게 될 것 같아요? 지금 보다 100배는 더 힘들거예요!! ^^ 서로 다른 생각을 가진 사람이 함께 사는 데 필요한 지혜를 깨닫기 위해 많은 대화가 필요할 거예요!! 파이팅하세요^^ "

김밥을 손으로 먹을 수 있는 아내와 그럴 수 없는 남편

소풍을 가자고 김밥을 싸는 날이면 여지없이 싸우는 부부
가 있다. 여행지에서 배가 출출할 때쯤 김밥을 꺼내어 먹
으려 할 때 젓가락이 없는 것. 아내는 손으로 먹으면 되지
남자가 뭘 그렇게 깔끔을 떠는지라고 생각하고, 남편은 어
떻게 음식을 챙기면서 젓가락을 매번 까먹는지 이해할 수
없다고 한다. 그리고 먹지 않는 남편!! 여행지에서 한순간
에 망가지는 분위기의 주범은 그놈의 젓가락.

아내는 친정엄마에게 하소연을 한다. 그러자 친정엄마 왈
"아니 너는 김서방이 그렇게 젓가락이 필요하다는데 왜 그
걸 그렇게 매번 까먹니? 신경 좀 쓰지."
이 정도 되니 아내는 자신이 한심스럽다.
그렇게 필요하다는 젓가락을 왜 매번 까먹어서 늘 여행을
엉망으로 만들고 마는지를 말이다.

손으로 먹는 김밥 여 & 손으로 먹을 수 없는 김밥 남
그저 **다른 두 사람**이다. 이들이 서로를 존중할 수 있는 방
법을 찾아내야 한다.

아내가 생각하기를
'그러게, 이 정도 잔소리를 들으면(정말 지긋지긋함) 챙길만
도 한데 나는 왜 안되지?. 그래!! 젓가락이 필요 없잖아 나
는. 나는 김밥도 싸고 애도 챙기는데, 빤빤히 노는 자신이
챙기면 되지. 그 필요한 젓가락 꼭 내가 챙겨야 돼? 게다가
나는 젓가락이 필요하다고 느끼지도 않는데...'
해서 아내가 말하기를

"나는 김밥 먹을 때 젓가락이 필요없어. 그래서 잘 못챙기는 것 같아. 내가 젓가락을 챙기지 못해도 화내지 않기를 바래. 노력을 해보겠지만 필요없다고 느끼는 것을 생각해내는 것도 쉬운 일은 아니야. 필요함을 느끼는 당신이 챙겼으면 좋겠어."

손으로 김밥을 먹을 수 있는 아내와 살려면 남편은 스스로 젓가락을 챙길 수 있어야 하고, 이것이 바로 존중이다. 아내 역시 손으로 먹을 수 없는 남편을 위해 젓가락을 챙길 수 있으면 금상첨화!! 그러나 이러한 일이 젓가락을 챙기지 않은 아내에게 잘못이 있다는 식의 발언으로는 해결할 수 없다. 손으로 먹는 아내를 이해하고 손으로 먹을 수 없는 자신에 대해 설명할 수 있을 때 존중은 자연스럽게 일어날 수 있다.

손으로 김밥을 먹을 수 있는 삶의 경험치를 가진 사람에게 있어서 젓가락을 챙기지 않는 일은 잘못이 아니다. 다만 남편이 젓가락을 필요로 한다면 챙겨줄 수는 있겠지만 챙기지 못했다고 비난받을 일은 아니라는 것!

문득, 생각나는 인턴사원이 있다.
20여년 전 같은 사무실에서 근무하던 인턴사원이다. 그런데 이 친구가 새우깡을 먹는데 새우깡 봉지에 나무 젓가락을 꽂아놓고 젓가락으로 새우깡을 하나씩 집어먹는 것이 아닌가!!!

새우깡을 손으로 먹는 사람 & 손으로 먹을 수 없는 사람!
꽤나 인상적인 풍경이었다.
참고로 나는 젓가락으로 김밥을 먹을 때 속이 빠져 훨씬 더
불편함이 느껴진다. 김밥을 손으로 먹는 아내는 바로 나
고, 상기한 이야기는 나의 이야기이다.

나와 다른 생각의 사람을 존중하는 일,
다름을 인정하는 일에 대한
좋은 예를 볼 수 있는 책 하나 소개하고자 한다.

「소에게 친절하세요」 (베아뜨리체 마시니 글, 책속물고
기, 2017)는 자폐아 템플의 성장기를 다루고 있다. 그가
유명해지기까지의 어려움. 자폐아라는 난관을 극복하게
된 이야기들이 소개되고 있다.

여러 가지 일화 중에 중학교 때 템플을 놀린 친구에게 책을
던졌다는 이유로 자퇴를 권유받았던 일이 있다. 그 어느
누구도 친구에게 책을 던져서는 안 된다는 이유 때문이다.
그 어느 누구도 친구를 놀려서는 안 된다라는 것에 대해 관
대했던 학교 교장에 대한 논란은 접어두자.

자폐아인 템플은 왜 책을 던졌을까? 자폐아인 템플은 장애가 없는 사람들과는 다르게 놀림을 받았을 때 그들이 자신을 놀리지 못하도록 논리적으로 말하는 능력이 떨어지기 때문에 놀림에 노출이 되었을 때 책을 던지는 것으로 자신의 분노를 표현할 수밖에 없었다고 책에서는 설명하고 있다.

물론 책을 던진 템플이 잘못이 없는 것은 아니다. 그래서 사람들은 자폐아의 특성을 존중하고 책을 던질 수밖에 없었던 상황에 대해 이해하지만 책을 던진 행동에 대해서는 책임을 져야 하기 때문에 자퇴를 권할 수밖에 없었던 교장도 이해한다고 말한다. 그리고 템플에게 벌어진 상황이 그저 안타깝기만 하다는 것이 중론이다. 자폐아이기 때문에 겪어야 하는 안타까운 일이라고만 생각하는 것이다.

놀려서도 안되고 책을 던져서도 안된다는 사회적인 통념이 존재하지만 놀리기도 하고 책을 던지기도 한다.

책을 던진 아이도 책을 던져서는 안된다는 것을 인지해야 하지만 놀리는 아이도 자폐아를 놀렸을 때와 일반인을 놀렸을 때에 벌어질 수 있는 다른 상황에 대해 인지해야 한다. 자폐아를 놀리면 책에 맞을 수 있다는 것을 감수하고도 놀릴 것인지에 대한 생각을 할 수 있어야 한다. 그것이 논리적으로 상황에 대처할 힘이 없는 자폐아의 책 던지는 행동을 존중해 주는 것이다. 다름을 인정하고 존중하는 일은 이렇게 어려운 일이다.

냄새와 소리 무엇이 더 힘들까?

음식을 주로 언니가 하는 자매가 동거중이다. 언니는 음식 냄새가 온 집안을 뒤덮고 있는 데도 주방후드를 켜지 않는다. 그런 날이면 여지없이 동생은 왜 음식을 하면서 후드를 켜지도 않고 하느냐며 화를 내며 자신이 직접 후드를 켜곤 한다. 음식을 하면서 주방후드를 켜는 것은 당연한 것 아니야? 그럴 때마다 언니는 반성한다. "음식 냄새가 온 집안에 진동을 하는데 왜 나는 주방후드를 켤 생각을 못하지.., 바보 같아"

[음식을 할 때는 음식냄새를 빼기 위해 반드시 주방후드를 켜야 한다.]
이것은 우리 사회에 만연한 통념이다.
대부분의 사람들이 음식을 할 때 주방후드를 켜고 한다.
여기서 중요한 것은 대부분의 사람들이 그렇게 행동한다고 해서 모든 사람이 이 관념대로 할 필요는 없다.

언니는 소리에 예민한 사람이다.

유독 계곡에 흐르는 물소리를 좋아하고 여행지에서 맞는 아침에 들려오는 새소리를 좋아하는 사람. 일정하게 돌아가는 주방후드 소리가 매우 듣기 힘든 사람. 온 집안에 퍼진 음식냄새를 맡는 일보다 주방후드 소리를 듣는 것이 더 견디기 어려운 사람

그래서 주방후드를 켤 생각을 하지 못했던 것이지 언니는 바보가 아니다. 다만 음식냄새를 견딜 수 없는 동생과 주방후드 소리를 견딜 수 없는 서로 다른 사람이 한 공간 안에서 살면 생길 수밖에 없는 불편함일 뿐이다.

간혹 우리는 대다수의 사람들이 하는 방식과 다른 행동을 하는 사람을 부족하고 이상한 사람으로 대하는 경우가 많다. 게다가 언니처럼 자기 자신에 대해 명확히 인식하지 못하고, 사회가 만들어 놓은 통념의 잣대로 '음식을 하면서 주방후드를 켜지 않는' 자신을 부족한 사람이라고 **스스로를 존중하지 못하는 우를 범하기도 한다.** '음식을 하면서 주방후드를 켜지 않는' 자신에 대해서 진지하게 생각해 볼 필요가 있고, 스스로를 존중할 수 있을 때 타인과 다른 자신에 대해 당당할 수 있다. **남들이 정해놓은 룰대로 살 필요가 없다.** 그리고 그렇게 살 수도 없다. 적어도 타인의 룰대로 살 수 없는 자신을 부족하다고 생각하는 일을 해서는 안된다.

네가 너인 것을 누군가에게 납득시킬 필요는 없어

형광물질 & 닭기름

5명의 인원이 100여 명이 먹을 음식을 함께 만드는 작업과정에 참여한 적이 있다. 나는 손님이었고, 이들은 매번 그룹별로 한달에 한번 식사를 준비하는 모임이다. 우연히 내 친구의 그룹이 식사당번을 맡아 진행하게 되어 함께 하게 되었다. 리더의 지휘하에 5명의 구성원이 파도 썰고 마늘도 다지고 밑반찬도 만들고 기타등등 손들이 바쁘다. 메인 요리는 닭백숙!
보글보글 한참 맛있는 냄새가 코 끝을 지날 때,
서로 다른 두 가지 생각이 만난다.

육수 위를 둥둥 떠다니는 기름을 키친타올로 한번 걸러내
야 한다는 구성원과 키친타올의 형광물질이 닭기름보다 더
해롭다는 리더의 생각이 차이를 보인 것. 이 둘은 서로의
생각이 맞다고 동의를 구했지만 나를 포함한 나머지 구성
원들은 형광물질을 먹어도 되고 기름을 먹어도 상관이 없
다. 다만 실랑이를 끝내고 나머지 공정의 일들이 빨리 진
행되기를 바랄뿐이다.
이런 비슷한 경험은 누구에게나 일어난다. 주변인의 상황
으로나 당사자의 상황으로나 한번쯤은 경험해 보았으리라.

이 다른 생각의 만남이 어떻게 해결되면 좋을까?
정답은 없다.
서로 다른 삶의 경험치를 가진, 서로 다른 삶의 가치를 가
진 다양한 사람들이 다름으로 인해 겪게 되는 불편함을 어
떻게 하면 최소화시킬 수 있을지에 대해 이야기하는 것이
중요하다.
다름은 불편하다.
불편함에 화가 나지 않고 불편함을 받아들일 줄 아는 힘이
우리에게는 절절히 필요하다.
불편함을 받아들이기 위해서는 나와 다른 사람의 생각을
틀렸다고 생각하지 않고 존중할 수 있어야 한다.

'나는 형광물질이 더 나쁘다고 생각하는데 타인은 닭기름
이 더 나쁘다고 생각할 수도 있구나'라고 생각할 수 있으면
불편함을 받아들일 수 있다.

'형광물질(닭기름)이 더 나쁘지 어떻게 닭기름(형광물질)이 더 나쁠 수가 있어? 말이 돼?'라고 생각하는 순간 좁혀질 수 없는 서로 다른 가치에 대한 불필요한 논쟁을 야기하는 것이며, 서로 다른 생각에 대한 옳고 그름을 따지기 시작하면 이것은 그저 서로를 무시하고 나의 옳음을 주장하는 싸움으로 진화한다.

팽팽했던 두 가지 옳은 생각은 결국 리더의 생각을 따르기로 했다. 나 역시 둘 다 상관없었지만 닭기름을 키친타올에 걸러내는 일은 하나의 공정이 더 발생하는 것이라 리더가 형광물질을 싫어하는 것이 나에게는 다행스럽게 여겨졌다.

삶의 지혜는 디테일에 있다.

같은 상황이라도 서로 다른 삶의 경험치로 해결방식은 모두 다르다.

그래서 누군가가 해결한 방식을 그대로 가져다 사용해 본다고 해서 꼭 성공하리라는 보장이 없다. 가장 대표적인 것이 육아책에서 성공한 사례를 내 아이에게 적용했을 때 잘 먹히지 않는 경험을 아마도 육아를 해 본 사람이라면 격하게 공감할 것이다.

삶의 지혜는 내 삶에서 일어나는 일들을 나의 생각으로 고민할 수 있을 때 해결 가능하다. **전문가의 힘을 빌지 말자.** 스스로 생각하고, 스스로 행동하고, 스스로 책임지는 일을 무한 반복할 수 있을 때, 내 삶의 문제 해결!! 타인의 도움 없이 가능하다. 타인의 도움없이 해결할 수 있을 때, 시시 각각 변화되는 상황에 대처할 수 있는 근본적이고도 지속 가능한 해결책을 찾아낼 수 있을 것이다. 전문가는 나를 쓸모없게 만드는 사람이다.

전문가에게 그만 배우자.
이제는 생각하고 깨닫자!!!

지피지기(知彼知己)면 소통(疏通)이다. 나를 알고 너를 알면 소통할 수 있다. 대부분의 사람들이 자기 자신에 대해 잘 알고 있다고 생각하지만 때로는 내가 알지 못하는 부분을 타인이 더 정확히 짚어 줄 때가 있다. 소위 독박육아를 하고 있는 주부들을 상대로 인문학 강의를 할 때 던지는 화두가 있다.

나는 어떤 엄마인가?
나는 어떤 엄마이고 싶었는가?
내 아이가 생각하는 나는 어떤 엄마인가?
내 아이가 바라는 엄마는 어떤 엄마인가?

서로 얼마나 다른지를 생각해 볼 수 있는 질문이다. 현재 아이와의 갈등이 있는 독자는 상기 4가지 질문에 대해 생각해 보기 바란다. 그리고 아이에게 똑같이 4가지의 **질문을 던져 보라.** 재미있는 사실을 알게 될 것이다.

〈아이와 엄마〉는 문제 관계에 있는 서로 다른 두 대상으로 대입해서 생각해도 무관하다.

나는 어떤 직원인가?
나는 어떤 직원이고 싶었는가?
내 사장이 생각하는 나는 어떤 직원인가?
내 사장이 바라는 직원은 어떤 직원인가?

생각을 한다는 것은
자기 자신에 대해 자세히 알 수 있는
시간을 갖는 다는 것이다.

자기 자신에 대해

정확히 아는 것은 매우 중요하며

알게 된 자기 자신에 대해

타인에게 알려 주는 일 또한

그 못지않게 중요하나.

생각보다 많은 사람들이

설명하지 않아도

알아줄 것이라고 생각하는 경우가 많은데

이야기하지 않으면

결코 알 수가 없다.

이제
나 자신에 대해 알 수 있는
질문들을 만나보자.

그리고

각각의 〈나〉가 모여
서로의 생각을 공유하는 시간을 가져보자.

나와 다른 타인의 생각을 듣는 것은
새로운 경험이 될 것이다.

김희연 글 / 그림, 브와포레

「내 친구 무무」는 다빈이라는 아이가 옆집에 새로 이사 온 무무라는 개와 친구가 되어가는 과정을 그린 이야기다. 당근도 주고 채찍도 휘두르지만 번번히 실패하고 마는 주인공은 결국 무무가 원하는 것이 무엇인지 알아내고는 당당히 친구가 된다.

사실 다빈이는 개와 친해지고 싶다기보다는 무무 때문에 무무네 옆집에 있는 단짝친구를 만나러 갈 수 없게 된 문제 상황을 맞닥뜨리게 된 것이다.

우리는 항상 문제 상황을 만나면 우선 나의 기준과 내 생각으로 행동하기 마련이다. 우선 채찍이다. 어른들에게는 짖지 않는 것 같아 나름 겁먹으라고 엄마 옷도 입고 가보고, 자신의 기준으로 아주 크고 무섭게 생긴 괴물인형도 가져가 보지만 빈빈이 실패를 한다. 나름 방법을 바뀌 이번엔 당근이다. 자신이 아주 좋아하는 케이크를 가져가 보지만 그도 실패. 개는 사람과 달라 숨소리를 정말 잘 듣는데 숨소리도 내지 않고 지나가 보기까지 해 보지만 보기 좋게 실패한다. 그러다 우연히 무무의 주인에게서 이사 오기 전

에 헤어진 개가 그리워 짖는 것 같다는 말을 듣고 다빈이
는 코코라는 강아지를 데려가 사납게 짖어대던 무무에게
친구를 선물한다.
문제 상황을 완전히 해결한 것이다.

우리는 이 책을 통해 내 기준의 생각이 의미 없는 것일 수
있다는 생각을 해 볼 수 있다. 무무와 말이 통했다면 왜 짖
는지 물어보면 간단했을 텐데 말이다. 이 책은 마치 말이
통하지 않는 동물과 사람과의 소통부재에 관한 내용 같지
만 꼭 사용언어가 달라서 이런 문제상황이 생기는 것은 아
니다.

우리는 같은 언어를 사용하고 있으면서도 소통이 어려운 경우를 많이 만나게 된다. 소통의 기본은 서로가 서로의 상황에 대해 자세히 설명해 주는 것과 설명해 준 것에 대해 있는 그대로 믿어주는 것이다. 그런데 우리는 서로의 상황에 대해 자세히 설명해 주는 것도 서툴고 설명해 주는 것을 있는 그대로 믿어주는 것도 서툰경우가 많다.

아이가 수영을 2개월째 배우고 있다. 수영장에 가면 꽤나 열심히 하는데 입으로는 매번 수영이 하기 싫다고 태권도를 배우고 싶다고 이야기한다. 싫다고 하면서도 열심히 하니 실력도 빨리 느는 편이다. 아이가 정말 태권도가 하고 싶은지에 대해 의심이 간다. 아이가 좋아하는 친구가 태권도에 다니고 있기 때문에 그 태권도장을 가고 싶다고 이야기하는 터라 태권도가 좋은 것인지 친구가 좋은 것인지 구분하기 어려운 상황이다. 엄마 마음으로는 몇 개월만 더 하면 수영을 잘 할 수 있을 것 같은 욕심에 계속 수영을 시키고자 했으나 결국 졸라대는 아이에게 지고 만다. 해서 여름방학이 시작되는 시점부터 시작하기로 했다. 아이는 오랫동안 바라던 바였기 때문에 집에 가자마자 자랑을 한다.

아이 왈 " 아빠 나 방학 때부터 태권도하기로 했다~"
아빠 왈 " 쓸데없는 태권도할 생각하지 말고 하던 수영이나 열심히 해~"
아이 왈 " 태권도가 왜 쓸데가 없어 우리 전통 운동인데, 수영이 더 쓸데가 없어."

이 둘은 **같은 언어를 사용하고 있지만 소통불가다.** 상대가 하는 이야기에 관심도 없기 때문에 책 속의 다빈이와 무무처럼 별반 다를 바가 없다. 다빈이가 무무가 원하는 것에 관심을 가졌던 것처럼 아빠도 아이가 왜 태권도에 관심이 있는지 귀 기울일 필요가 있고 아이도 아빠가 왜 태권도를 쓸데없다고 생각하는지 귀 기울일 필요가 있다. 그것이 소통으로 갈 수 있는 유일한 길이다.

서로에 대한 관심으로 서로의 생각을 알게 되더라도 생각의 다름이 같아질 수는 없지만 **분노하거나 속상하지 않을 수는 있다.** 여기서 한가지 더 생각해 볼 수 있다면, 쓸데 없건 있건 그것이 태권도이든 수영이든 하는 사람이 누구인지를 잊지 말아야 한다. 아빠가 하는 것이라면 수영을 하면 되고 아이가 할 것이라면 태권도를 하면 된다. 이것이 서로 다른 생각에 대한 존중법이라고 생각한다.

시간이 남아도는 75세 장모와 한참 바쁘게 일할 나이라 일분일초가 재산인 47세 사위가 서로 다른 생각을 하고 있다. 대구에 사는 사위와 서울 사는 장모가 교통수단을 놓고 이견이 생긴다. **각자 자신의 기준으로 생각한다.**

사위는 몸도 피곤하신데 2시간이면 되는 KTX를 타시라고 권하고, 장모는 시간도 많고 할 일도 없는데 그 비싼 기차를 왜 타느냐? 나는 무궁화면 족하다며 실랑이가 벌어진다. 때때로 비싼 KTX를 타고 나니는 사위가 못마땅하기도 하다. 기껏 생각해서 비싼 기차 태워드리고 싶은 사위의 마음도 몰라주는 것 같아 사위 역시 못마땅하다. **생각이 다른 것이다.** 서로의 마음을 몰라주는 문제 상황인 것이다.

문제 상황의 해결은 생각보다 간단하다. 기차를 타고 이동해야 하는 사람이 사위면 KTX를 타고, 장모라면 무궁화를 타면 그만이다. 그런데 굳이 장모를 위한답시고 KTX를 태워 보내거나 돈 아까운데 KTX 타고 다닌다고 사위를 타박하면 소통은 저 물 건너 건너 가버리고 만다. 내 마음을 몰라주는 문제 상황에 맞닥뜨리게 되었을 때 생각하는 힘을 발휘해야 한다.

내 마음을 몰라주는 사람이 나와 어떤 부분의 다른 생각을 하고 있는지 관심을 가지면 그때부터 그가 하고 있는 말의 의미를 들을 수 있다. 그의 말을 들을 수 있으면 그가 말하고 있는 것을 믿어주어야 한다.

관심을 갖고 들을 수 있을 때
진정 듣는다고 할 수 있다.

생각하는 힘 못지않게 듣는 힘을 키우는 것도 소통을 위해 중요한 일이다. 남의 이야기를 들으면 이해도도 높고 너무 당연한 해결책처럼 보이지만 정작 내 삶 속에서는 이런 문제 상황을 해결하지 못하는 경우가 많다. **내 삶으로 가지고 오는 것이 중요하다.** 내 삶으로 끄집어들여 소통이 되지 않아 답답한 상황에 맞닥뜨릴 때 생각하는 힘을 발휘하는 것이 무엇보다 중요하다.

남의 이야기는 남의 이야기일 뿐이다.
남의 이야기는 나의 문제를 해결해 주지 못한다.

내가 맞닥뜨린 상황에서 나의 문제를 내 **생각으로 해결**하는 것이 유일한 방법이다.

그래서 우리는 끊임없이 생각해야 한다.

내가 만난 문제 상황에서 내 생각은 정확히 무엇이며 상대가 말하고 있는 것은 어떤 의미인지 아는 것이 소통의 힘이 되는 것이다.

지피지기(知彼知己)면 소통(疏通)이다.

나는 상대가 무슨 생각을 하고 있는지 정확히 알고 싶다. 내 임의대로 이해하지 않기 위해서 잦은 질문을 하게 된다. 일반적으로 잘 묻지 않는 질문을 한다고 질타를 받기도 하고 예의에 어긋나는 질문이라고 비난도 듣는다. **도대체 예의에 어긋나는 질문이라는 것은 누가 정하는 걸까?** 예의에 어긋나기 때문에 나는 사회가 만들어 놓은 통념에 따라 궁금해도 묻지 말아야 하는 걸까? 그리고 내 임의대로 이해해버리면 그만일까?

대화를 하는 중 내 생각에는 A가 싫다고 말하면 될 것 같은 상황인데 싫다고 말하지 않은 상황이 궁금해서 "왜 싫다고 안했어요?"했더니 정작 A는 미처 자신이 왜 싫다고 대답하지 못했는지 생각할 틈도 없이 B가 "이 사람은 싫어도 싫다고 말 못하는 사람이에요."라고 대변을 한다. 그리고 마치 눈치도 없이 그런 것을 묻는 내가 대단한 결례라도 한 것 같은 뉘앙스다. 앞으로는 저 사람이 싫다고 말 못하는 사람인 것을 내가 배려하면서 행동해야만 할 것 같은 분위기가 물씬 풍긴다. 아무말 없는 C, D, E, F도 같은 분위기다. 과연 예의에 어긋나는(누가 정한 기준인지는 모르지만) 질문을 한 사람이 예의에 어긋난다고 생각하고도 질문을 했다고는 생각하지 않는다. 다만 예의에 어긋나고 안 나고에 대한 생각이 다를 뿐이지... 이렇게 우리는 생각이 다를 때 문제 상황에 놓이게 된다.

그럼 예의에 어긋나고 안 나고를 따질 일이 아니다(예의에 어긋나고 안 나고에 대한 생각이 이미 다르기 때문에 서로 다른 생각에 대한 옳고 그름을 논하는 일은 옳지 않다). 예의에 어긋나는 질문의 의미는 대답해 줄 수 없는 질문으로 바꾸어 생각할 수 있다. 그래서 예의 없는 질문을 한 그가 틀린 것이 아니라 내 기준에 예의 없는 질문이지만 상대는 예의가 없다고 생각하지 않아서 저런 질문을 하나보다라고 인정을 하는 작업이 선행되어야 한다. 그럼에도 불구하고 내 기준에 분명 예의없는 질문(대답할 수 없는 질문)이기 때문에 질문한 행위 자체는 문제가 없지만 생각이 다른 나로서는 대답해 주지 않으면 그뿐이다.

예의가 있는지 없는지에 대한 기준도 모호하고 그런 기준은 누가 정하는지도 의문이기 때문에 질문을 하는 사람은 그 사람 나름의 권리가 존중되어야 한다고 생각한다. 질문하는 행위 자체를 문제 삼아서는 안 되는 것이다. 나의 기준에 예의없는 행동에 대게의 경우 분노하고 화를 낸다. 상대의 기준에는 예의없는 행동이 아닌가보다라고 인정하는 힘이 필요하다. 그 사람은 내 기준에 예의없는 질문을 한 것이지 나와 다른 그 사람의 기준으로도 예의없는 질문을 한 것은 아닌 경우일 수 있다는 것이다.

그저 다른 두 사람의 다른 기준의 가치가 만나 불편한 것
이다. 불편함을 받아들일 수 있어야 하고, 이를 최소화하
기 위해 서로 노력해야 한다.

다름을 인정하는 일이 생각보다 쉽지는 않다. 질문하는 사
람은 질문할 자유가 있고, 질문받은 사람은 그 사람대로
예의에 어긋난다고 생각해서 대답해 주지 않을 수 있는 자
유는 있지만, 질문한 사람의 질문이 자신의 기준에 의한
예의에 어긋난다고 생각하고는 질문을 하지 못하게 하거
나 예의없는 행동을 했다고 비난할 권리는 없는 것이다.

60을 앞둔 역사교사가 이제 정년 퇴임을 한다고 한다. 어쩌다 교육공무원에 대한 연금에 관심이 모아지는 순간 "선생님은 연금을 얼마 정도 받게 되나요?"라고 묻자 "역시나 남들이 묻지 않는 질문을 거침없이 하네?"라고 한다. 나에게는 내가 궁금해 하는 것을 남들도 궁금해 하는지 궁금해 하지 않는지, 또는 그것이 물어도 되는 것인지 물어서는 안 되는 것인지에 대한 관념이 없기 때문에 "그래서 얼마를 받게 되시는데요?"라고 물었더니 "대답해 줄 수 없어."라고 이야기한다. "왜 대답해 줄 수 없는데요?"라고 물었더니 "연금의 액수가 그 사람의 능력을 평가하는 기준으로 이해되기도 하기 때문에 별로 이야기하고 싶지 않아."라고 대답한다. 그래서 나는 궁금했던 사실이지만 더 이상 묻지 않았다.

이 간단한 대화에서도 많은 생각의 차이가 엿보인다. 나는 누군가 연금을 물어도 이야기해 줄 수 있기 때문에 그런 질문을 할 수 있었고, 턱없이 작은 연금의 액수를 노출시켜 능력없는 사람으로 무시하는 사람을 만나도 상관없기 때문에 질문할 수 있다. 하지만 턱없이 작은 연금을 노출시켜 자신을 무시하는 사람을 만나서 상처가 되는 사람은 그 질문에 대답하지 않을 자유가 있지만 자신의 성향(무시하는 사람을 만나 상처를 받는, 또는 불필요한 무시를 받고 싶지 않은)에 대해 전혀 정보가 없고 자신의 성향과 전혀 다른 사람이 질문하는 행위에 대해 예의에 어긋난다는(누가 정한 것이지도 모를 사회적 관념) 이유를 들어 **비난할 권리도, 상대의 자유를 박탈할 권리도 없다.**

생각해 볼 일이다.
나의 잣대 또는 사회가 만들어 놓은 관념(시대에 따라 변화
가능성이 농후하디)을 기준으로 상대의 행동을 판단하고 평
가하고 있지는 않는지를 말이다.

상대가 하는 행동에 관심을 갖는 것이
소통을 위해 첫 번째로 해야 할 일이다.

상대는
왜 내가 틀렸다고 생각하는 행동을
거침없이 하고 있는지 먼저 들여다 보는 것이
순서이다.

나의 기준을 들이밀기 전에 상대의 말을 들을 수
있다면 생각보다 소통은 어렵지 않다.

상대가 내 기준의 잘못된 행동을
왜 하는지
충분히 이해할 수 있는 경우가 많기 때문이다.

박연철 글 / 그림, **비룡소**

차이를
알다

「어처구니 이야기」는 궁궐 기와지붕 추녀마루에 얹는 조각상인 어처구니에 대한 이야기다. 이사하는 날(손없는 날)을 정할 때 종종 들어 본 손이라는 귀신도 등장한다. 어처구니들의 어처구니없는 이야기를 듣고 보면 꼭 어처구니없기만 하지도 않아 재미나다. 옳다고 믿었던 것이 옳지 않다고 생각할 수도 있구나를 깨닫는다. 다음은 하나님이 말하는 어처구니들의 죄목이다.

* 이구룡 : 거짓말로 하늘나라를 혼란스럽게 만든 죄
* 저팔계 : 술을 먹고 하늘의 천도복숭아 나무를 몽땅 뽑아 버린 죄
* 손행자 : 하늘나라 임금님과 똑같은 허수아비를 만들어 선녀들을 골탕 머인 죄
* 사화상 : 하늘나라 임금님이 아끼는 연못의 물고기를 죄다 죽인 죄
* 대당사부 : 사람들의 죽는 날을 똑같이 만들어 말썽을 일으킨 죄

다음은 하나님이 규정한 죄를 지을 수밖에 없었던 어처구
니들의 생각이다.

* 이구룡 : 입이 두 개라 어디서 거짓말이 나오는지 알 수
가 있나
* 저팔계 : 천도복숭아 나무가 그렇게 쉽게 뽑힐 줄 알았나
* 손행자 : 허수아비한테 속은 선녀들이 바보지
* 사화상 : 물고기는 물이 없으면 죽는지 정말 몰랐다고
* 대당사부 : 누구는 일찍 죽고 누구는 늦게 죽고 불공평
하지 않아?

하나의 행동을 두고 하나님과 어처구니의 생각이 다른 것
을 알 수 있다. **소통은 서로의 다른 생각을 존중해 줄 때
비로서 가능하다.** 물론 생각이 달라 비롯된 일련의 행동들
에 대해 책임져야 될 경우도 종종 있다. 저팔계가 천도복
숭아 나무를 몽땅 뽑아버린 것은 그렇게 쉽게 뽑힐 줄 몰
랐기 때문이긴 하지만 책임은 져야 하는 일이다. 책임은
져야 하지만 그렇다고 해서 저팔계가 일부러 천도복숭아
나무를 망가뜨릴려고 했던 일이 아니라는 것을 알 수 있다.

저팔계가 했던 행동에 대해 분노할 필요는 없다고 생각한
다. 그런데 우리는 대게의 경우 뽑아서는 안되는 천도복숭
아가 뽑힌 다양한 이유에 대해 관심 갖지 못한다. 아무리
힘을 주어도 뽑을 수 없는 나로서는 작정하고 뽑을 때만 뽑
히는 것이다. 따라서 나의 경험으로 옳다고 믿고 있는 내
생각만으로, 내 기준의 고정관념으로 타인을 생각하는 습
관이 우리에게는 종종 나타난다.

도저히 이해할 수 없는 타인의 행동을 마주했을 때 그가 왜 그랬는지 그의 말을 들어보는 것은 정말 중요하다. 나의 기준으로만 벌어진 상황을 판단한다면, 천도복숭아 나무가 못쓰게 됐다는 나쁜 결과에 몰입한 나머지 상대가 틀렸다고 생각하고 분노함으로써 불필요한 화에 자신을 노출시키는 우를 범하기 쉬운 것이다.

항상 벌어진 일에 대해 내 기준이 아닌 상대의 기준으로 그 이유를 알려고 하는 노력이 소통을 위해서는 반드시 필요하다. 우리는 같은 단어를 쓰면서도 다른 의미를 담는 경우가 많기 때문이다.

아줌마에 대한 생각 차이

아주머니나 아줌마는 주로 중년 여성을 부를 때 사용되는 말이다. 사전적인 의미를 보면 아줌마는 아주머니를 낮추어 부르는 말로 정의하고 있다. 이처럼 아줌마라는 호칭은 아주머니의 부정적인 이미지를 부각시키는 용어로 사용되기도 한다. 흔히 우리는 '아줌마 같다'라는 말을 자주 쓴다. 아줌마 같다라는 말의 의미는 정말 다양하게 쓰인다. '아줌마 같다'라고 하면 어떤 이미지가 떠오르는지 생각해 보자.

36세, 두 아이(7세, 5세 女)의 엄마인 아주머니 - A
47세, 한 아이(7세, 女)의 엄마인 아주머니 - B

상기 두 아주머니는 서로에게 '아줌마 같다'라고 이야기한다. A와 B는 둘 다 자기 자신은 아줌마라고 생각하지 않는다. 아줌마가 갖는 부정적인 이미지는 자기 자신에게는 없다고 믿는 것이다. 실은 '아줌마 같다'라는 말은 너무나

추상적이고, 광범위하며, 구체적이지 않은 표현이다.
따라서 소통하기에는 무리가 따르는 표현인데도 불구하고
포괄적인 개념으로 이야기하고 서로 다른 생각을 가질 수
있는 단어라는 사실에 집중하지 않는다. 다만 부정적인 이
미지로 사용되는 아줌마라고 불리운 사실에 분노한다. 이
와 같이 구체적이지 않은 표현 또는 추상적인 단어들은 자
칫 오해를 불러일으키기 쉽다.

상대가 나를 왜 '아줌마 같다'고 하는지에 대해 관심은 전
혀 갖지 않은 채 자기가 생각하는 기준(당연히 부정적인 이
미지)의 아줌마를 떠올리며 부당하다고 생각한다.
그래서 화가 나는 것이다.

천만다행으로 둘은 소통을 위해 노력하기 시작한다. '내가 왜 아줌마 같은데?'라고 서로에게 묻는다. A는 하이힐도 신지 않고 편한 옷 위주로 입는 아주머니를 아줌마라고 생각하고, B는 모임이 끝난 후 간식으로 나온 초코파이나 비스킷 등을 주섬주섬 가방에 챙기는 아주머니를 아줌마라고 생각한다. 서로가 생각하는 바에 대해 차이가 있음을 알 수 있다. 차이를 인식한 후에 상대의 생각을 존중하지 못하고 내 생각이 옳다고 주장하는 경우에 소통에 어려움을 겪을 수 있다.

"어차피 남은 것 간식으로 챙겨 가는 것이 뭐가 아줌마야? 미적인 것은 전혀 신경쓰지 않고 편하게만 입는 것이 아줌마지"라고 한다거나 "애 키우면서 하이힐 신고 다니는 사람이 이상하지 편한 것 추구하는 것이 뭐가 잘못이야, 가방에 주섬주섬 먹을 것 챙겨 가는 것이 더 아줌마 같다." 이렇게 서로가 다른 생각을 접하고 나서 서로의 생각을 존중하지 못하고 내 생각이 옳다고 생각하는 순간 더 이상의 소통은 없다.

A는 모임에서 남은 음식을 싸가는 사람이 아줌마라고 생각하는 B의 생각을 존중해야 한다. 그 생각을 존중하는 입장에서 보면, 다시 말해 B의 기준으로 보면 나 A는 아줌마가 맞는 것이다. 그리고 나 A가 생각하는 부정적인 이미지의 아주머니 범주에는 B가 생각하는 남은 음식을 싸가는 것에 대한 행위는 없는 관계로 딱히 기분나쁠 필요가 없는 것이다. 이것이 나와 다른 생각을 존중하는 힘이다.

B도 A를 같은 방식으로 존중해야 한다. 나와 다른 생각을 인정하고 존중하는 데는 훈련이 필요하고 내공도 필요하다.

생각 차이(나대다-활발하다)

우리는 저마다 육아방식이 모두 다르다. 또 선호하는 성향도 각기 다르다. 그렇기 때문에 섣불리 육아에 훈수를 두지 않는 것이 불문율이지만, 다름을 인정하는 것이 참으로 어려운 일이기에 종종 우리 삶의 인간관계에서 문제 상황을 발생시킨다. 동서지간이 있다.

38세, 두 아이(13세, 15세 男)의 엄마인 동서 - A
42세, 한 아이(6세, 男)의 엄마인 형님 - B

A와 B는 각자의 성향뿐 아니라 아이를 키우는 방식도 전혀 다르다. 여러 가지 다양한 육아방식이 있겠지만 이해를 돕기 위해 단순화시켜서 이야기하면 A는 정적이며 B는 동적이다. 따라서 A는 아이들을 얌전히 앉아서 책을 읽거나 자리에 앉아서 할 수 있는 일들에 집중하도록 키운다면, B는 활동적이고 계속해서 움직이는 놀이에 집중하는 것을 좋아하기 때문에 아이가 끊임없이 움직이면서 할 수 있는 놀이를 접하도록 키운다.

아이들을 키우는 성향이 다르다. A는 정적인 성향이기 때문에 동적인 환경에 노출되면 힘들 수 있고, B는 동적인 성향이기 때문에 움직이지 않고 정적으로만 행동하는 아이들을 보면 답답하게 여겨져서 힘들 수도 있다. 다름을 인정할 수 있다면 힘들지 않는 상황이지만 서로 다름을 틀림으로 받아들이면 충분히 힘들 수 있다.

A와 B가 가족이 아니라면 문제 상황이 그다지 많이 발생하지 않을 수 있다. 서로가 힘든 관계이기 때문에 힘들지 않을 만큼만 만나도록 만남의 횟수를 조정하면 문제해결이 가능하다. 그러나 A와 B의 관계가 가족이면 상황은 달라진다. 나의 의지로 만남의 횟수를 조정하기가 어려울 수 있기 때문이다. 그래서 문제 상황이 생기게 된다.

A가 끊임없이 움직이는 B의 아들을 견뎌내기가 힘들어 한 마디 한다. "왜 이렇게 나대니, 좀 가만히 있어라." 여기서 〈나대다〉라는 의미는 아줌마가 갖는 단어의 의미처럼 부정적인 의미를 가득 품고 있다. 그도 그럴 것이 정적인 A는 동적인 것에 대해 거부반응을 느끼는 성향이기 때문에 A의 기준에서는 충분히 동적인 B의 아들이 부정적으로 받아들여질 수 있는 것이다. 물론 자신의 생각이 그렇다 하더라도 아이에게 그런 말을 하지 않을 수 있으면 좋지만 A의 입장에서도 너무 힘든 나머지 어쩌지 못하고 한 소리 하게 된 것이다.

그 한마디에 방년 6세인 B의 아들이 얌전해질 일은 만무하다. 그럼에도 불구하고 B의 엄마는 화가 난다. 남의 집 귀한 아들한테 한껏 부정적인 의미를 지닌 '나대다'라는 말로 표현을 하다니 기가 막힌다. B가 보기에는 A의 아들들이 한참 활동적이어야 할 시기에 얌전히 앉아서 노는 것을 보고 있으면 한심하기까지 한데 말이다. 도대체 어디다 대고 '나댄다'고 하는 것인지 화를 참을 길이 없다.

그러나 〈생각〉이라는 것을 해 보자.

과연 B의 눈에도 B의 아들이 나대는 것처럼 보이는지를 생각해 볼 필요가 있다. B는 A가 규정한 본인의 아들의 나대는 행동이 전혀 나대는 행동으로 보이지 않는다는 것에 집중할 필요가 있다.
부정적인 '나댄다'는 단어에 집중한 나머지 B의 생각에는 전혀 나대는 행동이 아닌 오히려 평소에 다분히 긍정적으로 생각하는 아들의 행동에 자신의 생각을 놓치고 만다. 그래서 화가 나는 것이다.

같은 행동을 보고 다른 생각을 하는 것이다.

동적인 행동을 하는 B의 아들을 보고 A는 '나댄다'고 부정적으로 생각하는 것이고 B는 활동적이고 활발하다고 긍정적으로 생각하는 것이다.

B에게는 자신과 생각이 다른 A가 동적인 행동을 하는 자신의 아들에 대해 자신과 똑같은 생각으로 긍정적으로 바라보라고 할 권리는 없는 것이다.

그렇기 때문에 B는 활동적이고 활발해서 긍정적으로 바라보는 자신의 아들에 대해 A가 부산스럽고 나대는 부정적인 시각으로 볼 수 있다는 사실에 집중해야 한다.

B와 다른(활동적이고 활발한 긍정적인 아들의 모습을 나댄다고 생각하는) A의 생각을 존중할 수 있는 힘이 있다면 분노하지 않을 수 있다.

'나댄다'는 단어의 부정적인 의미에만 집중하고 B의 생각과 A의 생각이 다르다는 것에 대해 생각하지 않은 채 상대를 존중하지 못하면 분노에 나 자신을 노출 시킬 수 밖에 없는 것이다. **불필요한 화다.**

〈생각〉만 할 수 있다면 다르다는 것을 알 수 있고,
다르다는 것을 인정하게 되면 충분히 다스릴 수 있는 화다.

소통 안되는 선생-소통을 가르치는 선생의 차이

집에서도 말을 안 듣는 1학년 아이가 학교에서도 도통 말을 안 들어서 학교 선생님도 힘들고 엄마도 힘든 상태다. 아이의 엄마는 이미 학교에도 여러 번 불려서 다녀왔다고 한다. 엄마가 생각하는 문제의 원인에 대해 물었다. 어머니 왈 "워낙 고집도 세고, 타고난 기질이 자기가 하고 싶은 데로만 하는 아이다."라고 말한다.

본디 문제 성향을 타고난 아이라 내가 어떻게 손써 볼 도리가 없다고 생각한 어머니는 거의 좌절 상태다. 아이로 인해 엄마도 힘들고 선생님도 힘든 동시 다발적인 문제 상황이다. 엄마와 선생님에게 힘든 문제 상황이라면 분명 아이에게도 문제 상황임에 틀림이 없다.

자 그럼 〈생각〉이라는 것을 해 보자.

도대체 아이는 왜 엄마와 선생님이 힘들어하는 행동을 할까? 아이가 왜 타인이 힘들어하는 행동을 하는지에 대해 관심을 가질 필요가 있다. 엄마와 선생님이 원하는 평범한 행동을 하지 않는 다른 아이라는 것에 집중할 필요가 있다.

대게의 경우 여기까지 이야기가 진행되면 어머니들이 아이의 행동에 관심을 갖기 시작한다. 아이의 행동을 존중하려고 노력하는 것이다. 그러면 문제라고만 여겨져서 해답을 찾을 수 없을 것만 같은 상황들이 반전의 계기를 갖게 된다. 소위 엄마와 아이의 소통작업이 진행되는 것이다.

그러나 상담을 온 엄마의 경우 전혀 아이의 행동에 관심을 가지려고 하지 않는다. 아이가 왜 문제 상황을 만드는 행동을 하고 있는지에 대해서는 관심을 갖지 않은 채 아이가 한 행동이 잘못된 행동이라고 자신의 기준으로만 아이를 대하고 있는 것이다. 그렇다라고 하면 사실 〈생각연구소〉에서는 도와 줄 수 있는 일이 없다.

〈생각연구소〉에서는 끊임없이 아이가 자신이 왜 그런 행동을 하는지에 대해 생각해 보게 하고, 생각을 통해 알게 된 자신을 엄마에게 보여 줄 수 있는 용기를 북돋워 주는 일을 돕고 있다. 그리고 아이가 이야기하는 것에 대해 엄마 자신의 기준으로 잘못된 행동이라고 판단하기 전에 아이를 있는 그대로 존중해 주는 작업이 필요함에 대해서 조언한다. 아이를 전혀 존중할 준비가 되어 있지 않은 엄마였다.

끊임없이 자신만의 기준에 집중한 나머지 자신의 기준에 부합하지 않는 행동이 얼마나 잘못된 행동인지를 아이가 깨달을 수 있게 도와주기를 원했다. 그것은 〈생각연구소〉에서 해 줄 수 있는 일이 아니다.

**할 수도 없고
해서도 안 되는 일이다.**

어머니는 아이를 〈생각연구소〉에 보내기를 원했고 나는 받을 수 없다고 이야기했다. 어머니가 원하는 것은 우리 연구소에서 할 수 없는 일이라고 말해주었다.
그런데 어머니 왈
"소통을 가르치는 선생님이 이런(아이를 존중할 마음의 준비가 된) 사람도 받고 저런(아이를 존중할 마음의 준비가 되지 않은) 사람도 받아야지 어떻게 자기가 원하는 사람만 받나요? 그것이 소통하는 사람의 자세인가요?"

문제관계는 엄마와 아이 사이에서 생긴 것이다. 당사자 모두가 상대를 존중할 수 있는 힘을 기를 수 있도록 도와주는것이 〈생각연구소〉에서 하는 일이다.
엄마에게든 아이에게든 그 어떤 것도 주입하고 가르쳐야 할 것은 없다.

다만 그들이 직면하고 있는 문제 상황을 제대로 이해하고 서로를 존중하는 마음을 가질 수 있도록 도울 뿐이다.

그러나 문제 상황을 아이의 문제로만 인식하고, 아이를 존중하는 것이 아닌 잘못된 행동을 하는 아이를 고쳐야 한다고 생각하는 엄마를 상대로는 도울 수 있는 방법이 전혀 없는 것이다.
오히려 아이를 더 힘들게만 할 뿐이다.

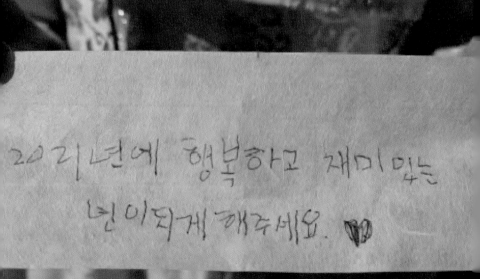

〈생각〉을 통해 아이는 자신을 보다 더 잘 이해하고, 문제 상황도 새로운 시각으로 이해할 수 있는 힘도 생긴다. 하지만 문제 관계의 대상에게 존중받을 수 없게 되면 더 큰 좌절에 빠지게 된다.

소통을 연구하는 사람에게 소통하는 사람의 자세가 없다고 하는 부정적인 말에 우선은 상처받을 수 있다. 그러나 상대가 말하는 소통이 내가 말하는 소통과는 전혀 다른 의미로 쓰이고 있다는 것에 집중할 수 있다면 그 상처는 깊지 않을 수 있다. 그리고 상대를 존중해 줄 수 있다.

"어머니가 생각하는 소통이 그런 것이라면, 저는 소통이 안 되는 사람이 맞습니다."

소통에 대해 서로 다른 생각을 가지고 있기 때문에 상대의 기준으로는 내가 소통이 되지 못하는 사람으로 여겨질 수도 있다. 같은 행동을 두고 분명 생각하는 바가 다를 수 있다는 것에 대한 확신이 있다면 분노하지 않을 수 있다.

그녀가 가지고 있는 소통의 개념은 분명 나와는 다른 개념이다. 그래서 부정적인 의미인 '소통 안되는 선생'이라는 말은 내게 크게 의미가 없다. 같은 행동을 바라보는 시각이 다르다는 것을 인정할 수 있기 때문이다.

상대가 소통이 안된다고 설명하는 일련의 행동들을 나는 소통이 안되는 행동이라고 판단하지 않기 때문이다. A가 나댄다고 한 행동이 내 기준에는 전혀 나대는 행동이 아니고 긍정적인 행동으로 판단되는 것과 마찬가지라고 볼 수 있다.

어머니의 기준으로는 당연히 소통이 안되는 선생이지만
아이를 위해서는 그녀의 기준으로 정해준 소통이 안되는
선생이 되는 것이 나는 옳다고 판단했다.

그래서 나는 소통이 안되는 사람이다.

그녀가 말하는 소통이 안되는 선생이 가진 부정적인 의미
에 집중하지 않는다면 오히려 내게는 그녀가 말하는 소통
이 안되는 선생이 되는 것이 더 의미있고 좋은 일인 것이다.

따라서 소통이 안되는 선생이라는 것을 인정하는 것이 그
녀의 생각을 존중해 주는 입장에서 그렇다는 이야기지, 내
스스로도 소통이 안된다고 생각하지 않기 때문에 분노하
지 않을 수 있다. 또한 소통이 안되는 선생이라는 말이 갖
는 부정적인 의미 때문에 그녀의 기준에 맞추어 소통이 되
는 선생이 될 필요는 없다. **나는 나의 생각대로 사는 것이**
고 내가 그녀가 말하는 기준으로 행동하고 살 필요는 없기
때문이다.

같은 행동에 대한 생각이 다르다는 것을 인정하자. 그리고 각자의 생각대로 살면 그뿐! 서로가 각자의 생각대로 사는 서로 다른 기준을 문제 삼아서는 안된다. 강요해서도 안된다.

상담 온 어머니는 자신의 기준대로 살지 않는 선생을 잘못되었다고 비난해서는 안된다. 비난한다고 상대가 바뀌지도 않을뿐더러 잘못되었다고 생각하는 선생의 행동이 전혀 바뀌지 않을 것이기 때문에 바뀌어야 된다고 강력하게 믿는 자신의 마음만 불편해지는 것이다. 과연 이러한 상황이 선생의 잘못일까? 그녀 멋대로 생각한 그녀의 기준대로 선생(오히려 그녀의 기준을 틀렸다고 믿는)이 행동하지 않는다고 화가 나는 이상한 상황이 벌어지는 것이다. 선생의 입장에서는 결코 옳지 않은 행동을 그녀의 기준에 입각해서 그렇게 행동해야 한다고 주장하는 것이다. **불가능한 일이다.**

한편 선생에게 '소통 안되는 선생'이라고 말하는 그녀가 잘못일까? 어떻게 소통을 가르치는 선생에게 소통이 안되는 선생이라는 모욕적인 말을 할 수 있느냐며 비난해서는 안되고, 비난한다고 그녀의 생각이 바뀔리 만무하다. 그녀의 입장에서 잘못된 행동을 하고 있는 선생에 대해 잘못된 행동을 하고 있다고 말을 하지 못하게 하는 이상한 상황이 벌어지게 되는 것이다.

서로의 생각을 말할 수는 있다. 말하지 못하게 해서는 안된다. 하지만 서로가 서로에게 자신의 생각대로 행동해야 된다고 강요할 수는 없다. 다만 이 과정에서 놓치지 말아야 할 중요한 것은 서로의 생각차이에 대해 인지하는 것이다. 이것이 **진정한 대화**의 과정이다. 소통을 위해 꼭 필요한 작업이다.

여기까지가 같은 행동을 보고 서로 다른 생각을 할 수 있다는 것과, 같은 단어를 사용하면서 얼마나 다른 의미를 담고 있는지에 대해 생각해 볼 수 있는 실례들이다. 각자가 **본인의 삶 속에서** 같은 행동을 보고 타인과 얼마나 다른 생각을 하고 있는지 〈생각〉이라는 것을 해 보는 〈실천〉이 필요하다.

같은 단어 속에 얼마나 다른 생각들을 담고 있는지를 알기 위해서 서로에게 관심을 갖는 〈실천〉이 필요하다. 서로의 생각에 대해 자세하고도 구체적으로 이야기하는 훈련이 필요하고, 나와 다른 생각을 들을 수 있는 〈진짜로 듣기〉의 힘이 절실히 요구된다.

어처구니 없어 보였던 어처구니의 생각들도 〈진짜로 듣기〉로 들을 수 있으면 꼭 어처구니 없지만은 않다는 것을 알게 될 것이다. 지피지기 하려면 **진짜로 들어야 한다.** 진짜로 듣는다는 것은 상대가 말하는 것을 있는 그대로 믿어줄 수 있다는 의미로 이해해야 한다. 나의 기준으로 옳고 그름을 판단하지 말자. 나에게는 불편한 기준이지만, 상대가 옳다고 믿는 그 **불편한** 상대의 기준을 그대로 믿고 존중하자.

지피지기(知彼知己)면 소통(疏通)이다.

옳고 그르다를 판단하지 않고
서로의 생각을 말하고,
듣고,
차이를 알고,
차이를 알면 존중을 하게 되고
잘못되었다고! 틀렸다고 믿는 생각을 존중할 수 있으면
소통이다.
소통은 이렇게 하는 것이다.

샅샅이 훑기

백희나 글 / 그림, **책읽는곰**

「알사탕」에는 여러 가지 무늬를 가진 동그란 모양의 신비한 사탕이 등장한다. 소파 무늬의 사탕을 먹었더니 이상한 소리가 들리기 시작한다. '옆구리에 리모컨이 끼어서 매우 결리고 아프다'는 소파의 속내뿐 아니라 아빠에게는 '소파에서 제발 방귀 좀 그만 뀌어달라'는 부탁의 말까지 들리는데, 사탕이 다 녹고 나면 소리도 사라진다.

8년을 함께 산 강아지인 〈구슬〉이 무늬의 사탕을 먹고는 8년만에 처음 사탕이 녹을 때까지 구슬이와 이야기를 나눈다. 평소 잔소리만 해대던 아빠의 속마음도, 돌아가신 할머니의 근황도 알게 되는 마법에 가까운 사탕이 바로 소통이 무엇인지를 보여준다.

주인공 〈동동〉이는 평소 자신만 보면 도망가는 〈구슬〉이가 자신을 싫어
한다고 생각하고 있었다. 소통할 방법이 없었던 〈구슬〉이와 〈동동〉이가
신비한 알사탕을 통해 속내를 전하고 듣게 되는데, 〈구슬〉이 왈, "네가
싫어서가 아니라 내가 너무 늙어서(늙어보지 않은 사람은 결코 알 수 없
는 사실) 그래. 자꾸 눕고 싶거든"오해가 풀리는 순간이다. 오해가 생
각보다 쉽게 풀린다. 그냥 듣기만 했을 뿐이다. 같은 행동에 대한 다른
의미에 대해 진심으로 듣고 믿었을 뿐이다.

한편 〈동동〉이가 〈구슬〉이에게 왜 자꾸 도망 가냐고 묻는 대목에서는
〈구슬〉이가 하품을 한다. 이 장면에서 〈동동〉이는 또 〈구슬〉이를 상대
로 오해한다. 뭔가 지루할 때 나오는 것이 하품이라고 생각한 〈동동〉
이가 "알았다, 알았어. 나랑 노는 게 지겹다 이거지?"라고 서운함을
토로하자 〈구슬〉이는, "또 오해하네. 걔는 말이야 긴장하면 하품을 한다
고."라고 하품에 대한 다른 의미를 친절하게 설명해 준다. "거짓말 하
지마! 지겨워서 하품하는 거 맞잖아. 지금 네가 긴장할 일이 뭐가 있어."
라고 말하면 안된다. 〈동동〉이 기준에는 〈구슬〉이가 긴장할 일이 없다
고 생각할 수 있지만 사실 〈동동〉이가 알 수 있는 것은 아무것도 없다.
긴장할 일이 없다고 **멋대로 판단하기**보다 새롭게 알게된 사실(긴장한
이유)에 대해 궁금하면 물어볼 일이다. 궁금하지 않다면 그대로 존중하
면 끝!!!

소통의 아주 좋은 사례다.
서로 다른 생각의 교류,
그 뒤에 이어지는 믿어주기면 소통이다.

개와 고양이의 꼬리

꼬리를 흔든다는 같은 행동에 서로 다른 의미를 담고 있다.
개는 반가움의 표시로 꼬리를 흔들지만 고양이는 기분이
좋지 않을 때 매우 화가 났음을 꼬리 흔들기로 표현한다.
생각이 다른 이 둘이 만났을 때 서로를 이해하고자 하는
노력을 하지 않는다면 소통은 불가다.

개와 고양이가 '꼬리 흔들기'라는 같은 행동에 다른 의미를 담고 있듯이 〈동동〉이와 〈구슬〉이도 하품이라는 같은 행동에 다른 의미를 담고 있다. 우리가 하는 모든 행동에 대해 나와 다른 의미를 담고 있을 수 있다는 가능성을 열어 둘 수 있어야 한다.

그래야 소통할 수 있다.

하나의 행동에 내가 알고 있는 의미만이 옳다고 믿는 순간 다른 의미의 생각을 받아들일 수 없고,

받아들일 수 없는 다른 의미는 틀린 것이 되고

틀렸다고 생각되면 화에 노출될 수 있다.

그 화는 불필요한 화다.

다름을 틀림으로 받아들일 때

우리는 화가 난다.

화가 나지 않기 위해서는

〈틀림〉으로 인식된 〈다름〉을

고쳐야 된다고 생각할 것이 아니라

다름을 다름으로 인정해서

고치지 않아도 된다고 생각하는 힘이 필요하다.

〈다름〉을 〈틀림〉으로 오해하지 않으려면 귀 기울이고 자세히 들어야 한다. 어떠한 행동(이를테면 하품과도 같은)이나 상황에 덧쓰여진 관념(하품은 지루할 때 하는 것)의 틀을 깰 수 있어야 한다.

긴장될 때 하품을 해 본 적이 없는 사람이 진짜로 듣기(상대가 하고 있는 말을 있는 그대로 믿기)를 할 수 없을 때 이렇게 이야기한다.

"말도 안돼! 긴장하는데 왜 하품을 해? 하품은 지루할 때 하는 거야? 거짓말 하지마".

같은 행동에 대한 상대의 다른 의미를 있는 그대로 믿지 못하고 자신이 옳다고 믿는 것을 상대에게도 인정하라고 강요하게 되는 것이다.

본인이 또는 사회가 정해 놓은 틀을 깨지 못하고 그 틀(관념)만 옳다고 믿게 될 경우 〈구슬〉이의 '긴장될 때 하는 하품'은 받아들일 수 없게 된다. 소통을 위해서는 상대가 하는 말의 의미에 대해 진짜로 듣기가 절절히 필요하다.

또한 나와 다른 생각을 하는 상대에게 자세히(상대가 알아들을 수 있도록) 설명해 주는 것도 소통을 위해 매우 중요한 부분이다.

공부 잘하는 것은 좋지 않은 것?

우리는 100점을 추구한다. 받아쓰기 100점, 수학연산 시험 100점, 심지어는 모든 과목이 100점인 올백이라는 말도 있다. 100점은 좋은 것, 또는 100점을 맞으면 공부 잘하는 것, 다시 돌아와 공부 잘하는 것은 좋은 것이다.

자! 생각해 보자.
생각해 볼 것이 너무도 많다.
생각하지 않으면,
생각하지 않고 〈100점은 좋은 것〉,
〈100점은 공부 잘하는 것〉,
〈공부 잘하는 것은 좋은 것〉이라는 틀 속에서 헤어 나오지 못한 체 오류에 빠질 수 있다.

생각은 질문으로부터 비롯된다.
시작해 보자.

생각을 위한 질문은 생각보다 단순하다.

그냥 내가 믿고 있는 무엇에 대해 〈왜〉만 붙이고 볼 일이다.

왜? 이제까지 내가 옳다고 믿고 있는 것에 대해 생각이 라는 것을 해 볼 작정이다.

〈공부 잘하는 것은 왜 좋을까?〉라고 물으면 대답한다.

"그럼 공부 못하는 것이 좋냐? 당연히 공부 잘하는 것이 좋지!"

이 대답은

〈공부 잘하는 것은 왜 좋을까?〉라는 물음에 세대로 된 답 이 아니다. 제대로 된 답의 의미는

생각하고 말한 답이 아니라는 의미다.

그냥 〈공부 잘하는 것은 좋은 것〉이라는 관념을 옳다고 믿 는 데서 출발하는 답일 뿐이다.

물론 생각을 해 봤더니 공부 잘하는 것이 좋을 수도 있다. 적어도 생각을 했다면 공부 잘하는 것이 왜 좋은지 설명 할 수 있어야 한다. 여러분들은 과연 공부 잘하는 것이 왜 좋은지 설명할 수 있을까?

〈공부〉라는 단어는 참으로 방대한 의미를 담고 있다. 방 대하다는 의미는 참으로 다양하게 접근할 필요가 있다는 의미이기도 하다. 방대한 의미의 〈공부〉를 그저 맹목적이 거나 정해 놓은 관념대로 〈공부 잘하는 것은 좋다〉라고 믿 게 되면 오류에 빠질 수가 있다.

여러분은 〈공부 잘하는 것은 좋지 않은 것〉이라는 말을 들 어 본 적이 있나요?

〈공부 잘하는 것은 좋지 않다〉라는 생각을 해 본 적이 있나? 옳다고 믿었던 것에 대한 틀을 흔들어 볼 수 있다면 **생각하는 힘**을 키울 수 있다.

공부 잘하는 것은 상황에 따라 〈좋은 것〉일 수도 있고 〈좋지 않은 것〉일 수도 있다. 그 상황이라는 것을 자세히 들여다 보는 것이 가장 중요하고, 자세히 들여다 본 상황에 따라 〈좋은 것〉인지 〈좋지 않은 것〉인지를 **스스로 생각하고 판단할 필요가 있다.** 〈공부 잘하는 것은 좋은 것〉이라는 명제는 무소불위의 절대진리가 아니다. 각자의 기준과 상황에 따른 판단에 의해 〈좋은 것〉일 수도 〈좋지 않은 것〉일 수도 있다. 그리고 그 판단에 기초해서 행동해야 한다.

이것이 **자기주도**다.

외우고 암기(대다수의 사람들이 옳다고 믿는)된 것이 아닌 나
만의 생각으로 판단할 수 있는 능력이 바로 자기주도가 가
진 진정한 의미다.

생각을 하기 시작하면 〈좋은 것〉과 〈좋지 않은 것〉이 절대
적일 수 없다는 것을 깨달을 수 있다. 〈좋은 것〉과 〈좋지 않
은 것〉은 사람 개개인의 성장과정이나 다고난 기질, 성향
에 따라 얼마든지 달라질 수 있기 때문이다.

100점의 오류

초등학교 1학년 딸아이가 받아쓰기 시험에서 50점을 받았다. 늘 100점을 받던 아이라 본인 스스로도 적잖이 충격이 큰 듯하다.

"엄마, 나 받아쓰기 50점 받았어. 현준이는 20점 받았고, 서현이는 30점 받았어"라고 말하던 딸아이는 한참을 쉬었다가 다시 말을 잇는다.

"근데 지은이는 100점 받았다."

"그래? 어디 받아쓰기 노트 좀 보여줄래?"

시험지를 자세히 들여다 본다.

자세히 들여다 보지 않고 점수에만 집중하면, 50점의 의미를 제대로 이해하기가 어려울 수 있다.

100점을 받아오던 시험지를 보면 2음절 또는 3음절의 단어를 받아쓰거나, 두 단어로 이루어진 문장이 등장하기도 한다. 유독 50점짜리 시험지에는 긴 문장이 많다.

조사를 빼먹거나 단어를 미처 적지 못해 틀린 문제가 3문제, 딸아이가 요즘 열심히 배우고 있는 과거형 문장의 쌍시옷을 빼먹어 틀린문제 1문제, 지금도 한번쯤 생각해 보게 하는 〈얘들아〉는 어른도 어려운 단어다.

조사를 빼먹어 틀린 문제를 보니, 긴 문장을 듣고 그대로 기억해서 쓰는 것이 힘들구나. 조사를 빼먹지 않고 쓰게 하려면 좀 더 천천히 불러주면 좋겠다는 생각을 했다.

이 시험지는 마치 50점 같지만 자세히 들여다 보면 80점이다. 나머지 틀린 두 개도 문제될 것이 없다. 시험을 본지 2개월 여가 지난 지금 일기쓰기 숙제를 하면서 과거형의 쌍시옷은 정확히 이해했다.
〈얘들아〉는 특별히 신경 쓰면 되고, 안되면 몇 번 더 틀리면 자연스럽게 숙지가 되리라고 생각한다.

1. 학굣길에 만나면
2. 얘들아 안녕
3. 헤어지기 전에 인사 나눕시다.
4. 두 손을 모으고
5. 안녕하세요
6. 싫어 싫어
7. 냠냠 먹기 전에
8. 잘 먹겠습니다.
9. 깜짝 놀라 나도 모르게
10. 생글생글 기분이 좋아요

1. 모음자
2. 무
3. 파
4. 오이
5. 도라지
6. 고구마
7. 하마
8. 소고
9. 바나나
10. 포도

처음 50점이라는 점수를 받아들면 마치 반 밖에 못 맞아 많은 공부가 필요한 시험지 같지만 자세히 들여다 보면 별반 문제될 것이 없는 점수다. 그런데 자세히 들여다 보지 않고 점수에만 집중하면 아이들에게 불필요한 받아쓰기 연습을 강요할 수밖에 없게 되는 것이다.

아이의 받아쓰기 점수를 받아들면 어떻게 하고 있는지 잠시 생각해 볼 일이다.

그렇다면 아이들의 점수가 주로 50점을 밑돌고 있는 와중에 100점 맞은 아이는 뭘까? 이유야 다양할 수 있겠지만 평소 받아쓰기 연습을 많이 한 결과라고 한다면, 여기서 또 한번 우리가 생각해야 할 것이 있다. 100점에 집중하면 공부 잘하는 것이 〈좋은 것〉, 아이들의 놀 권리에 집중하면 공부 잘하는 것은 〈좋지 않은 것〉이 된다.

보통의 아이들이 틀리는 것을 틀리지 않게 적어내는 데는 얼마나 많은 시간이 들었을까? 남들 20점, 30점 받을 때 100점짜리 시험지를 받아들기 위해 얼마나 많은 놀아야 하는 시간과 받아쓰기 연습하는 시간을 맞바꾸었을까? 라고 생각하니 요즘 놀지도 못하고 학원에서 반복된 수학문제를 열심히 푸는 아이들이 한없이 가엾게 여겨진다. 학원 안다니는 딸아이도 놀 친구가 없어 가엾기는 매한가지.

걸음마를 떼자마자 학습지를 시작한 어느 7살짜리 여자아이의 초점 없는 눈이 나로 하여금 생각연구소를 개소하게 하는 계기를 마련해 주었다. 대한민국의 놀 권리를 빼앗긴 수많은 아이들에게 생각하는 힘을 키워주기 위해서 말이다. 재미도 없고 하고 싶지 않은 공부를 너무 많이 한다. 게다가 부모가 원하는 공부를 스스로 자녀가 알아서 잘 하는 것을 〈자기주도〉라고 말한다. 정말 **이상한 논리**다.

개구리는 '개굴개굴' 울지 않는다. 그런데 누구에게나 "개구리가 어떻게 우나요?"라고 물으면, 여지없이 "개굴개굴"이라고 대답한다. 실제 개구리 소리를 들려주고 다시 한번 이야기해 보라고 하면 그때부터 교실 안이 시끌벅적 난리도 아니다. "꽥꽥", "꾸르르륵", "끼욱끼욱", 역시나 자기가 느낀대로 표현하는 일은 즐거운 일이다. 서로 다른 느낌을 공유하는 것도 즐거운 일이다. 이 세상의 모든 것은 자신의 귀로 듣고 자신의 눈으로 볼 줄 알아야 한다. 그런데 우리 아이들은 '개굴개굴', '삐약삐약', '멍멍' 등등을 배우고 외우느라 정작 자신의 생각이 무엇인지도 알지 못하고, 자신의 생각을 표현하는 것에 한없이 서툴다. 너무 많은 공부에 시달리고 있다. **재미도 없는 공부!!** 재미있는 공부도 많은 데 말이다. 타인과 다른 생각을 공유하는 것이 공부라고 믿는 유대인들의 생각이 다시금 부럽다.

한달에 한번 인문학 무료특강을 진행하는데 한번은 수학문제가 빼곡히 적힌 A4용지를 학부모에게 나눠주고 풀어보라고 한 적이 있다. 오랜만에 풀어보는 수학문제에 시끌벅적하기만 했지. 내 아이의 심정이 되어보는 일은 쉽지 않은 듯 보였다. 생각해 보라! 유형도 비슷한 재미 없는 문제를 하염없이 풀어야 한다. '듣기 좋은 노래도 한 두번'이라는 말이 있듯이 재미있는 놀이도 반복하면 재미없는 법! 아이들은 자신의 의지와 상관없이 재미없는 공부에 너무 많이 노출되어 있다.

어떻게!! 비슷한 유형의 수학문제를 반복해서 푸는 것이 수학성적을 올릴 수 있다고 믿는지 도저히 이해할 수는 없지만 반복된 수학문제 풀이가 아이들의 집중력을 망치는 것은 확실히 알 수 있다. **원치 않는 것을 하는 작업에 계속 노출이 되면 집중할 수가 없는 법!!** 이제는 집중력 약을 먹으면서 공부하는 아이들도 흔하게 만날 수 있으니 참으로 안타까운 현실이다.

크리스틴 로시테프 글 / 그림, 손화수 옮김, 푸른숲주니어

나의 생각으로 살기

동물원의 동물들이 코끼리가 주운 잡지를 돌려보면서 소위 **전문 잡지가 소개하는 스타일을 추구**하는 동물들에 대한 이야기다.

예뻐지고 싶나요? 그럼 지긋지긋한 얼굴 주름부터 싹 없애 버리세요!라는 말에 고무된 주름 많은 코끼리의 주름 없애기. 눈 밑에 까만 그늘이 있으면 우울해 보인다는 말에 자기 자신의 눈 밑 무늬가 갑자기 싫어진 판다. 아직도 촌스러운 뱀무늬 옷을 입고 다니세요?라는 물음에 자신이 부끄러워진 뱀. 털이 많아서 고민인 원숭이, 뻣뻣하고 헝클어진 머리털이 고민인 사자, 유치한 분홍색의 소유자 홍학, 희끗희끗한 머리카락이 고민인 생쥐 등의 스타일링 에피소드에는 소위 전문가라고 불릴만한 패션 잡지가 등장한다.

나는 없다. 세상에는 무수히 많은 가치와 관념과 통념 기타 등등이 존재한다. 때로는 대다수의 사람들의 생각이 일치하는 경우도 있고, 종종 반분되어 뜨거운 감자로 떠오르는 이슈들도 있다.

그런데 내가 가진 생각들이 과연 이러한 관념과 통념들로부터 자유로울 수 있을까? 관념과 통념에 대해 무작정 받아들이고 있는 것은 아닌지 생각해 볼 일이다. 더욱이 무작정 받아들이고 있는 나의 관념과 통념을 타인에게 무의식적으로 강요하고 있을지도 모를 일이다.

초등학교 2학년 학생들과 [엄마, 난 이 옷이 좋아요, 권윤덕 글/그림, 재미마주]라는 책을 함께 보면서 자신이 좋아하는 스타일의 옷에 대해 이야기하는 시간을 가진 적이 있다.

"너는 어떤 스타일의 옷을 좋아해? 이야기해 볼까?"
"나는 촌스러운 스타일을 좋아해요!"
"응? 왜 촌스러운 스타일을 좋아하는 거야?"
"몰라요, 엄마가 내가 옷 입으면 모두 촌스럽데요!"

당당하다. 〈촌스럽다〉에 대해 부정적인 가치도 없고, 엄마가 이야기하는 촌스럽다는 말을 있는 그대로 존중하고 있으며, 그렇게 말하는 엄마의 말이 나 스스로가 옷을 입는데 전혀 영향을 미치지 않는다. 그저 내가 좋아하는 옷을 입고 만족하는 것은 내 몫이다. 누구의 가치와 기준도 내가 원하는 것을 할 수 없도록 만들지 못한다.

타인이 정해 놓은 기준대로 살 필요는 없다. 패션잡지가 설명하는 패션스타일이 나 자신의 생각없이 흡수될 때 이상한 모양새가 되기 십상이다. 내가 정말 좋아하는 옷이 타인의 기준으로 촌스러워서, 촌스러운 것은 부정적인 의미를 담고 있기 때문에 촌스럽지 않은 타인의 기준으로 옷을 입을 때 오는 허탈함!! 꼭 옷이 아니더라도 느껴본 적이 있지 않을까? 나는 원치 않지만 사회가 정해놓은 관념대로 사는 일. 나의 의지는 없이 그렇게 통념에 등 떠밀려 살다가 느끼는 허탈함과 찝찝함. 대다수의 사람들이 옳다고 믿는 생각의 틀을 깨고 그에 반하는 행동을 하기가 쉽지는 않다. 하지만 찬찬히 조금만 생각하면 또 깨기 어렵지도 않다. "나는 촌스러운 옷이 좋아요."라고 당당히 말하는 초등학교 2학년 아이에게 배울 수만 있다면 말이다.

딸아이가 학교를 다녀와 투덜거리는 이야기 속에 등장하는 인물이 있다. 박민현! 학교의 규모가 작아 한 학년에 2반 씩인 딸아이는 그 문제의 인물과 1학년때부터 쭈욱 같은 반 이다. 3학년 현재. 민현이 때문에 학교가 가기 싫다고 이야 기할 정도다. 친구들을 괴롭히고 때리고 모래도 던지는 인물. 늘 사건, 사고로 할 이야기가 많다. 그 문제의 인물을 나도 접한 적이 있는데, 그저 어른인 내 눈엔 친구들과 어 울리는 것이 많이 서툰, 친구들의 관심과 애정이 절실히 필요한 평범한 아이다. 물론 대다수의 사람들이 문제아라 고 부른다. 그러던 어느날, 여느 때와 마찬가지로 민현이 의 흉을 보느라 여념이 없는 딸에게 한마디한다.

"여은이가 친구들과 잘 지냈으면 좋겠는데... 민현이는 친 구도 없다며? 여은이가 친구들 사귀는 것을 보면 그릇이 좀 작은 것 같아."
"그릇이 작은 게 뭔데?"
"괴롭히고 때리는 친구도 친구로 삼을 수 있는 사람을 그 릇이 크다고 해."
"엄마가 민현이한테 안 맞아봐서 그래, 엄마도 민현이한테 한번 맞아봐! 그런 소리가 나오나. 그래 난 그릇이 작아. 커지고 싶은 생각도 없어, 흥!! 엄마는 내 맘도 몰라주고 맨날 민현이 편만 들어!"

엄마가 정해 준 '그릇이 작다'라는 부정적인 표현에는 아랑 곳하지 않고 자신의 마음도 몰라주는 엄마의 기준인 '그릇 작은 아이'가 기꺼이 되어준다. 자기 자신을 때리고 괴롭히는 친구까지 함께 노는 것이 큰 그릇의 사람이라는 엄마의 기준 따위는 중요하지 않다. 엄마가 정해준 '큰 그릇'이 되기 위해 함께 놀고 싶지도 않은 것은 물론이요 끊임없이 나를 괴롭히는 친구와 잘 지내느니 차라리 당당하게 '그릇 작은' 사람이 되는 데 조금의 망설임도 없다. 그릇이 작고 큰 것 역시나 나와는 상관없는 엄마의 기준일 뿐이기 때문이다. 진정한 〈나〉로 사는 것이다. 내가 〈나〉로 사는 데 타인이 정해놓은 관념과 기준은 중요하지 않다.

과연 나도 민현이한테 한 대 맞고도 그 친구와 함께 잘 지내는 그릇 큰 사람이 되고 싶을지에 대해 생각해 보게 만드는 한방이다. 실은 정작 나는 그런 큰 그릇의 사람이 되고 싶지도 않고 되지도 못할 것 같다. 그렇지만 내 이야기가 아닌 타인의 이야기로 말할 것 같으면, 그릇이 작니 크니 참 쉽게도 이야기하고 있는 것이다. 사실 딸아이 말처럼 굳이 민현이한테 한 대 맞아보지 않고도 딸아이의 상황을 내 이야기로 가져와 잠깐만 생각해도 내가 얼마나 말도 안 되는 제안을 딸아이한테 했는지 부끄러워진다. **남의 이야기가 아닌 내 이야기로 가져오는 것이 중요하다.** 남의 이야기는 남의 이야기일 뿐이다. 너무도 쉽게 말해버릴 수 있기 때문이다.

대머리 친구가 있다. 여차저차 늘 그렇듯이 대머리가 화제
가 된다. 여느 때와 같이 대머리와 관련된 농담이 오고가고,
평소와는 다르게 대머리 친구가 화를 내고 만다. 그랬더니
한참을 놀리던 친구 왈 " 밴댕이같이 그만 일에 화를 내냐?
농담인데"라고 말을 하는 순간 '밴댕이'에 집중하면 계속
화를 낼 수가없다. 화가 나지만 이런 상황에 화를 내면 '밴
댕이'가 되는 것이다. 이러지도 저러지도 못하고 나를 잃
는다. 그저 '밴댕이'가 되면 안될 것 같기 때문이다. 그러나
대머리 친구는 기꺼이 '밴댕이'가 된다. "그래 나 밴댕이다.
그리니까 놀리지 마!!". **전세역전**

'밴댕이'가 되고 놀리지 못하게 만드는 한방. 더 중요한 것
은 상대가 어떤 행동에 대해 나를 '밴댕이'라 규정한다고
해서 내가 '밴댕이'가 되는 것은 아니다. 또 그가 정한 '밴
댕이'가 되면 어떠랴. 놀리는 행동을 멈추게 해서 놀림으
로 받는 스트레스를 해소하는 것이 중요하지 않는가? 그
러나 상대가 정한 '밴댕이'가 되기 싫어서 놀림을 참고 견
디는 사람을 많이 보았다. 어쩌면 나 역시 '작은 그릇'을 운
운하며 딸아이에게 놀고 싶지 않은 친구와 함께 놀라고
강요했는지도 모를 일. 상대가 정하고 규정하는 기준에 말
려들지 말자!!

도대체 화낼 일과 화를 내지 않을 일을 누가 **결정할까?** 화
가 나는 내가 결정하는 것이지 화를 내게 만든 사람이 정
하는 것은 아니다. 화나게 할 일은 아니었지만 상대가 불
쾌하다고 하면 사과하고 볼 일이다. 상대의 불편한 감정
이 불편할만하네 안 하네라고 말할 권리가 없다. "뭐 그깟
일에 발끈하기는…" 이라는 표현은 이치에 맞지가 않다.

그깟 일인지 아닌지는 당사자가 결정할 일. 나와 다름을 인정해야 한다.

자신은 대머리라 놀려도 화가 안난다고 해서 타인도 똑같을 것이라고 생각하지 말자. 대머리라고 놀릴 수는 있다. 자신의 기준으로 본인은 화가 나지 않는 행동이기 때문에 충분이 놀리는 행동을 할 수 있지만 놀린 후 상대가 불편함을 표현하면 사과하고 다음부터는 놀리는 행동을 하지 말아야 한다. 나의 기준으로 타인의 불편함을 무시해서는 안 되는 것이다. 타인이 기분 나쁘게 생각한다면 존중해야 한다. 이것이 다름이 만나 생기는 불편함을 받아들이는 자세다. "뭘 그런 것 가지고 화를 내고 그러냐? 사람 민망하게."라고 말하는 것은 나와 다른 생각을 가진 놀림받은 상대를 철저히 무시하는 발언이다. 존중하며 살자.

〈고분고분〉이라는 단어에 얽힌 일화가 있다. 고분고분의 사전적인 의미는 말이나 행동이 공손하고 부드러운 모양을 나타낸다. 사건의 발단은 이렇다. 대학동기생들이 이런저런 대화를 나누다 남학생이 "너는 얘가 고분고분하지가 않냐?"라고 여학생에게 말하면서 시작된다. 〈고분고분〉이라는 단어의 의미에 대해 독자 여러분의 생각은 어떤가?

여학생의 삶의 경험치에는 〈고분고분〉이라는 단어가 아주! 매우! 상당히 부정적인 단어다. 순종하고 복종해야 한다는 의미를 담고 있다. 그에 반해 남학생의 삶 속에서의 〈고분고분〉은 그저 친절하고 상냥하다는 의미의 일상적인 단어일 뿐이다. 〈고분고분〉이라는 단어의 의미가 적어도 이 두 사람에게 있어서 상당히 차이를 보인다. 여학생의 입장에서는 상대가 적어도 동급의 인간관계에서는 사용해서는 안되는 단어를 사용한 것이다. 벌컥 화가 난다. 잘못된 행동을 했다고 생각되기 때문이다. 그리고 이러한 단어를 써대는 남학생의 행동이 반드시 고쳐져야 한다고 생각한다. 물론 남학생은 〈고분고분〉이라는 단어를 동급생인 친구에게 사용한 자신의 행동이 잘못되었다고 생각하지 않았다. 우리가 타인을 원망하듯이 잘못된 행동인 줄 알면서도 잘못된 행동을 하는 사람은 그렇게 많지 않다는 사실을 명심하자.

"그런 단어는 윗사람이 아랫사람한테 쓰는 거야. 그런데 친구인 나한테 그런 단어를 사용하는 것은 잘못된 거야."
"나는 그런 뜻이 아니고, 네가 말을 할 때 말을 쎄게 하고, 네 주장만 해서 한 말이야, 네가 기분이 나빴다면 미안해, 그렇지만 네가 말하는 뜻으로 사용했던 의미는 아니야."
여학생은 불쾌하다고 표현했고 남학생은 불쾌한 부분에 대한 사과도 있었다. 일단락된 것 같은 실랑이가 계속된다. 이유인 즉, 〈고분고분〉이라는 단어는 앞으로 어디에서도 동격인 사이에 써서는 안된다는 주장. 둘의 관계에서 문제 행동에 대한 것만 해결하면 그뿐이다. 굳이 여학생이 정의의 사도가 되어 남학생의 다른 인간관계에서의 〈고분고분〉이라는 단어의 사용여부에 대해 관여할 권리는 없다. 단 〈고분고분〉이라는 단어가 나에게 주는 불쾌감에 대해 설명했고 앞으로 나에게는 사용하지 않았으면 좋겠다는 의사표현과 그렇게 해주겠다는 동의를 얻었으면 문제는 해결된 것이다. 그런데 여학생이 남학생에게 〈고분고분〉이라는 단어의 사용이 잘못되었나는 것을 인정하라는 듯이 계속해서 설명하고 화를 내는 것이다. 남학생은 여학생에게 불쾌함에 대한 사과도 했고 앞으로 이 여학생에게는 〈고분고분〉이라는 단어를 사용하지 않겠다고 약속해 줄 수는 있지만 남학생의 다른 인간관계에서까지 〈고분고분〉이라는 단어를 사용하지 말라고 하는 것에 대한 강요를 수용할 필요는 없다. 여학생 역시 남학생에게 자기가 옳다고 믿는 가치를 강요할 권리가 없기는 마찬가지. 남학생의 인간관계에서 남학생이 결정하고(고분고분이라는 단어를 사용할지 말지) 책임질(이러한 실랑이를 반복적으로 겪는) 일이다. 물론 남학생의 인간관계를 걱정해주는 차원의 조언을 해줄 수는 있지만 틀린 것을 고쳐야 한다는 식으로 화를 내는 것은 이해하기 어려운 행동이다. 오지랖이고 **월권이다.**

나 역시 종종 사회의 관념과 여태까지 옳다고 믿고 살아온 통념을 바탕으로 때때로 정의의 사도가 되어 오지랖 넓게 월권을 하게 되는 경험을 하게 된다. 그때마다 생각한다. 어디까지가 나의 권리이고 어디까지가 타인의 몫인지. 〈생각〉이라는 것을 하게 되면 행동할 수 있는 범위가 명쾌하게 드러난다. 불필요한 화도 줄일 수 있다. 우리가 화가 나는 일 중의 대다수는 아마도 이러한 월권에서 비롯되는 것일 수도 있다. 누군가는 이렇게 말한다. "찬찬히 생각하면 세상사 그렇게 화낼 일이 많지 않아요." 물론 이러한 월권은 개인 간의 이야기다. 사회 공적인 영역은 또 다른 이야기로 남겨두자.

〈고분고분〉뿐 아니라 같은 단어를 서로 다른 의미로 사용하고 있는 경우가 많다. 앞서 말한 〈아줌마 같다〉도 같은 맥락이다. 좀 더 깊이 있게 생각하고 차이를 들여다 보는 일에 대한 생활화가 필요하다.

내 삶의 주체는 나다.
나의 생각으로 행동하는 것이 중요하다.
그러려면 나의 생각이 무엇인지 알아야 한다.
전문가를 덥석덥석 믿으며 스스로 생각하는 일을 멈추지
말아야 한다.
전문가는 나를 쓸모없게 만드는 사람이라고 하지 않던가!!

각기 다른 주체들의 다름으로 만나지는 불편함을 당연하게 받아들이고 이러한 불편함을 최소화할 수 있는 방법을 함께 찾는 것이 중요하다. 그러기 위해서는 우선 **나 자신**에 대해 자세히 들여다 보는 일이 얼마나 중요한지 알게 될 것이다. 나와 다른 타인의 생각을 존중하는 힘도 필요하다. 가끔은 왜 화가 났는지도 모르고 정신없이 화를 내고 있는 나를 발견한 적이 있지 않던가!!

삶이 고단하게 느껴지는 것은 아마도 다름의 차이를 존중하지 못하고 나의 가치기준이 옳다고 믿는데서 오는 불필요한 화를 끊임없이 만들어내고 있는 나 자신 때문이 아닐까? 나와 다른 가치기준을 가지고 열심히 사는 타인은 분명 나에게 불편함을 주는 사람임에는 틀림이 없으나, 그 불편함을 주는 타인은 솔직히 아무런 잘못이 없다. 다만 나와 다른 생각으로 살고 있다는 것과, 다름을 만나면 불편함이 생길수 있다는 당연한 현실이 존재할 뿐이다.

대다수가 생각하는 옳음을
나에게도 타인에게도 강요하지 말자.

사토신 글 / 니시무라 도시오 그림, 양선화 옮김, 내인생의책

「빨강이 어때서」는 하얀 엄마랑 까만 아빠 사이에서 하양이, 까망이, 줄무늬, 얼룩이랑 함께 태어났지만 유독 전혀 닮지 않게 태어난 빨강이의 이야기다. 빨강이 자신은 자신이 빨강이라는 것이 정말 만족스러운데 가족들은 자신들과 닮지 않은 빨강이를 불쌍히 여기고 만다. 가족들이 애써 자신들과 비슷한 모습으로 빨강이를 바꾸려고 무던히 노력하는 가운데, 빨강이는 자신을 있는 모습 그대로 인정해주지 않는 가족들 때문에 슬퍼지는데...

나름을 인정하면 웃을 수 있어요.

참 자주 듣는 말인데도 빨강이네 가족처럼 일상에서 실천하기란 참으로 어려운 말이다. 그럼에도 불구하고 다름을 인정하지 못하는 타인을 향해서는 쉽게 그리고 자주 쓰게 되는 말이기도 하다.

뚜껑이 헐거워진 물통이 있다. 컵에 물을 따르려고 하면 뚜껑이 열리면서 물이 벌컥 쏟아진다. 어른이 물을 따를 때도 그러한데 초등학교 2학년생이 따를 때는 오죽할까? 그러나 조금 조심히 따르면 괜찮기도 하겠어서 초등학교 2학년 딸아이에게 상세하고도 친절하게 설명해준다. "물통 뚜껑이 헐거우니 물을 따를 때는 조심해서 따라야 해!" 엄마는 늘 조심히 잘 따라 마시는데, 아이는 번번히 조심하지 못하고 물을 쏟는다. 치우는 것은 엄마 몫. 갑자기 화가 난다. 그만큼 조심하라고 일렀거늘, 어떻게 그렇게 번번히 쏟는지 이해할 수가 없다. 조심하지 않게 행동하는 딸아이가 늘 못마땅하다.

아침마다, 물을 먹을 때마다, 그러니까 날마다 이 물통 때문에 사단이 난다. 아이는 늘 죄인처럼 혼이 나고, 같은 상황이 매번 반복되니 화내는 엄마도 지치고 힘이 든다.

과연 아이가 조심하지 않았을까? 생각해 볼 일이다. 어른은 조심하면 쏟지 않을 수 있는 것을 아이는 조심해도 쏟을 수 있다는 것에 생각이 미쳐야 한다. 물론 세상에는 조심히 물을 따라서 쏟지 않는 초등학교 2학년생도 있기는 하다. 그런데 중요한 것은 내 아이는 그렇지 않다는 것! **그 사실을 받아들이는** 것이 행복으로 가는 지름길이다. '남의 집 아이들은 다 잘하는데 우리집 얘는 도대체 왜 이렇게 조심성이 없는지!'가 아니다. 조심하지 않았기 때문에 물을 쏟았다는 확신이 있기 때문에 화가 나는 것이다. 그 확신이 오류일 수 있다는 것을 알자.

사람은 늘 자기 기준으로 생각하기 때문에 초등학교 2학년생도 조절하면 가능할 것이라는 **빅 픽처**를 그리게 된다. 그러나 내가 아닌 타인을 움직여서 그려지는 그림은 그려서는 안된다. 그릴 수 없다. 그릴 수는 있으나 그린 데로 그림이 펼쳐지지 않는다. 빅 픽처에는 나의 역할만 그려야 하는데 대게의 사람들이 빅 픽처 안에 타인의 행동을 그려 놓고 그대로 그려지지 않을 때 스트레스를 받는 경우를 많이 보았다. 딸아이가 조심히 물을 따랐으면 좋겠는 것은 엄마의 마음(엄마가 그린 빅 픽처)이고, 실제로 행동하는 아이는 조심히 따랐는데도 물을 쏟을 수도 있다. 또 치우는 것이 자신의 몫이 아닌 아이는 매번 물을 따를 때 조심하는 것을 잊을 수도 있다. 그냥 이것이 딸아이의 모습이다. 우리가 소위 있는 그대로 인정해야 한다고 외치는 바로 그 모습.

이 사연의 주인공인 30대 중반의 주부가 어느날 이렇게 고백했다. "오늘 아침에도 한바탕 했어요. 딸아이는 여지없이 물을 쏟고 욱하는 마음에 화를 내고 보니, 아침마다 혼나는 딸아이가 갑자기 측은한 생각이 들더라고요. 플라스틱 물통 값이 얼마나 한다고, 헐거워진 물통 바꿀 생각은 안하고 날마다 얘만 잡았어요. 오늘 저녁에 집에 갈 때 물통 하나 사가려고요."

날마다 물을 쏟는 딸아이를 상대로 쏟아지는 물만큼이나 벌컥벌컥 화를 내던 이 30대 주부에게 어떤 일이 있었을까? 우리 딸이 물을 따를 때 '조심성이 없어서'라는 옳고 그른 가치판단은 빼고 '물을 쏟는 딸이구나'라는 팩트! 그 사실만을 받아들일 수 있게 된 것이다.

그저 우리 딸아이는 물을 계속 쏟는 딸! 쏟는 물을 닦아야 하는 나는 매일 화내는 엄마! 물을 쏟지 않도록 주의를 주었으나 개선되지 않고, 물 쏟는 아이를 그냥 편안한 마음으로 보면 될텐데 성인군자가 아닌 다음에야 그도 어려운 일.

물을 쏟지 않는 조심성 있는 딸아이가 존재하거나, 물 쏟는 거 정도는 닦으면 된다는 마음가짐을 가진 엄마가 존재하거나 둘 중 하나만 되면 문제가 없다. 그러나 둘 다 불가능할 때 문제가 발생하게 된다. 이때 이 둘 중 하나가 상대에게 상기한 이상적인 모습을 강요하게 되면 문제가 해결될 수가 없다. 상대적 약자인 딸아이에게 영원한 갑인 엄마가 딸아이의 모습을 인정하지 못한 것이다.

있는 그대로의 모습을 인정하게 되면 질문이 바뀐다. "왜 우리 딸은 조심성이 없지? 도대체 왜 조심하지 않는 거야? 딸아이가 조금만 신경쓰고 조심하면 간단히 해결될텐데…" 에서 "우리 딸은 물을 쏟네, 물을 왜 쏟지? 물통이 헐겁네! 바꿔야겠다."

이렇게 바뀐 질문으로 딸아이를 존중할 수 있게 된 30대 주부는 기꺼이 뚜껑 잘 맞는 새로운 물통을 사는 방법으로 문제 상황을 해결하게 된 것이다. 더 이상 딸아이를 상대로 불가능한 '조심성'을 강요하지 않아도 되는 것이다.

물론 때에 따라서는 물통을 바꾸는 일로 해결되지 않는 문제 상황도 많다. 그러나 확실한 것은 이렇게 물통을 바꾸는 것만으로 해결될 수 있는 문제들을 적극적으로 해결할 필요가 있다. 질문을 바꾸면 불필요한 화를 줄일 수 있다.

초등 4학년 남학생! 신발주머니의 끈이 길어 늘 땅에 질질 끌고 다니는 것이 아이의 엄마는 늘 못마땅하다. 소리도 지르고, 혼을 내도 도통 고쳐지지가 않는다. 그만큼 야단을 맞았으면 좀 고칠 법도 한데 엄마만 화가 머리 끝까지 올라간다. 사실 땅에 끌리는 신발주머니를 보는 일은 엄마에게나 힘든 일이지 아들은 아무런 느낌이 없다. 늘 해대는 엄마의 잔소리도 익숙해서, 화내는 엄마만큼 피곤하지도 않다. 고쳐질 일이 만무하다는 것을 누구보다 엄마가 더 잘 알고 있음에도 불구하고 똑같은 상황에 똑같은 화를 낸다.

도대체 이 화는 왜 필요한 것일까? 문제 상황을 개선하기 위해서라고 말은 하지만 실제 이와 같이 화를 내는 행위로 아들의 행동이 개선되지 않는다는 것을 수없이 많은 경험을 통해 알고 있다. 그렇다고 하면 이제 불필요한 화를 줄이자. 개선되지 않는 반복되는 행동을 보고 반복된 화를 내는 일은 참으로 안타까운 일이다. 그럼에도 불구하고 많은 엄마들이 이러한 오류를 범하는 데는 그저 벌어진 일에 대해 화를 내는 일이 가장 쉽기 때문이다. "문제는 아이에 게 있고 그 문제가 나를 화나게 했어, 내가 할 일은 없고, 아이가 바뀌면 해결될 일이야!"라는 생각이 가장 크게 자리 잡고 있기 때문에 가능한 생각이다. 물론 아들 녀석도 엄마와 같이 땅에 끌리는 신발주머니가 불편하게 여겨지면 가장 좋겠지만, 엄마의 불편함이 아들의 불편함과 일치하지 않기 때문에 발생하는 지극히 달라서 벌어지는 일이다. 이런 일로 늘 하소연하던 엄마가 어느 날 해결책을 들고 나타났다.

"신발주머니 끈을 묶어주었어요. 팔을 아래로 다 내려도 신발주머니가 땅에 끌리지 않을 만큼, 더 이상 소리 지를 필요가 없더라고요."
일면 매우 쉬운 해결책 같지만, 아이의 모습을 있는 그대로 존중할 수 있을 때 나올 수 있는 해법이다. 끊임없이 아이가 바뀌기를 바라기 보다는, 물론 "신발주머니가 땅에 끌리지 않게 다녀라."라고 이야기해서 고쳐지면 문제될 것도 없겠지만, 그런 말로 통하지 않으면 "신발주머니를 왜 저렇게 질질 끌고 다니지? 안 끌리게 하려면 어떻게 하지?"라고 문제를 해결해 낼 수 있는 질문이 필요한 것이다.

지혜로워지자

질문이 지혜를 가져온다
이것이 곧 생각하는 힘이고 철학이다

노인경 글 / 그림, 문학동네

[곰씨의 의자]는 곰씨의 의자에서 만나 부부가 된 토끼부부와 그들 부부가 낳은 수많은 토끼 자녀들과 곰씨와의 인간 관계에 대한 이야기다. 누군가와 함께한다는 것은 처음처럼 신나는 일만 있는 것이 아니라는 것과 깊어지는 관계속에서 생길 수 있는 문제들을 해결하기 위해서 중요한 것이 무엇인지를 생각하게 한다.

자신이 하고 싶은 말을 다 하지 않는 것이 '배려'라고 생각하는 경우가 있다. 오히려 이러한 배려가 역으로 상대가 나를 '배려'할 기회를 박탈하는 것이라고 생각해 볼 수도 있다.

곰씨는 토끼부부와 그들의 자녀들과 함께하는 시간도 소중했지만
가끔은 혼자 있고 싶고
조용히 책을 읽고 명상도 하고 싶고
무엇보다 곰씨가 아끼는 꽃을 살살 다루어주기를 바랐다.
그러나
곰씨는 자신의 마음을 알 턱이 없는 그들이 시도 때도 없이 찾아오는데도 자신의 마음을 표현하지 못하고 끌탕을 한다. 오지 말라고 하면 상대가 상처받을까봐, 오지 말라고 말하지 않으면서 받는 자신의 상처는 어쩌고...

자신의 상처를 무시하고 시간을 흘려보내면 결국 이상한 형태로 상처가 터지게 된다는 것을 우리는 늘 경험하고 산다. 결국 아무것도 모르는 상대는 느닷없이 과하고 격하게 표현되는 그동안의 상처를 받아들이기가 쉽지 않은 법! 결국 누구를 위한 배려인지 생각해 볼 일이다.

곰씨는 커다란 용기를 내어 자신의 마음을 진심을 다해 표
현하고 토끼들에게 빼앗았던 곰씨를 배려할 기회를 주게
된다. 해피엔딩이다. 그림책 속의 이야기만큼 현실에서 용
기내기가 쉽지 않다는 것이 함정이지만.

돌아가신 부친과의 에피소드가 있다. 지금은 값비싼 커피 체인점에서 밥값보다도 비싸게 팔리고 있는 커피지만 한 때는 커피 하면 자판기 커피를 빼놓을 수가 없다. 자판기에는 커피뿐 아니라 유자차, 율무차도 있었다. 어쩌다 커피한 잔과 율무 한 잔을 두고 부친과 내가 선택의 기로에 섰다. 참고로 나는 커피를 좋아하고 부친은 율무를 마시고 싶었다. 그런데 둘은 서로를 배려한답시고 서로에게 더 맛있는 것을 마시게 하고 싶었던 터라, 서로가 좋아하는 것을 자기 자신이 마시지 않고 상대에게 권하고 말았던 것. 결국 커피 좋아하는 나는 율무차를 마시고 율무차 좋아히는 부친은 커피를 마시는 이상한 상황이 벌어진 것이다.

마음만은 흐뭇했을까?

서로가 마시고 싶은 것을 마시면서 행복할 수도 있었지 않았을까? 요즘 말로 WIN! WIN! 할 수 있었다.

"나는 커피가 마시고 싶지만, 원한다면 율무차를 마셔도 괜찮아요"라고 나에 대해서 알려주는 것은 매우 중요하다. 내 생각으로, 내 기준으로 하는 '배려'는 정말이지 의미가 없다.

동서지간이 있다. 가까이 사는 형님이 유통기한이 임박한 케이크를 자주 가져다주신다. 물론 동서를 생각해서다. 동서는 빵도 좋아하지 않을 뿐 아니라 유통기한 임박한 롤케이크도 한마디로 싫다. 날짜 다 되면 그대로 쓰레기통행이 되기 십상이다. 음식물 쓰레기 처리하는 것이 여간 귀찮은 것이 아니다. 그런데 왜 덥석덥석 받는가? "그래도 형님이 마음으로 챙겨주시는데 어떻게 싫다고 말해요? 제발 좀 유통기한 임박한 빵 좀 그만 주셨으면 좋겠어요"

형님은 누군가가 유통기한 임박한 빵이라고 챙겨다 주면 고마울 것이다. 그러니까 동서에게 열심히 챙겨다 주시는 것이 아니겠는가? 빵을 좋아하는 사람이라면 형님이 얼마나 고맙고 좋을 것인가? 동서가 바라는 빅 픽처(형님이 유통기한 임박한 빵을 더 이상 동서에게 주지 않는 것)는 애초부터 그려질 수 없는 그림이다. 아마도 형님은 형님 나름대로의 빅 픽처(적어도 내가 이렇게 챙겨주는 마음을 알겠지. 동서가 고마워하겠지)를 그리고 있을 터다.

상대의 기준으로 나를 배려하는 것은 '배려'가 아니다. 그 배려는 존중받을 수 없다. 존중하지 않아도 된다. 형님 기준의 배려를 동서가 자신의 기준(빵이 필요 없어 배려라고 생각하지 않는)과 상관없이 상대의 기준으로 존중하는 순간 동서에게는 어마어마한 피해가 되는 것이다. 그래서 나에게 피해가 되는 배려는 더 이상 배려하지 않을 수 있도록 솔직하게 이야기해주는 것이 좋다. 그것이 서로 다른 이가 함께 살아가는 데 필요한 진정한 소통행위이다. 따라서 "형님이 저 생각 해서 주는데 어떻게 싫다고 말해요?"라는 말은 **불통**으로 가는 발언인 셈이다.

자신을 알리는 일은 너무도 중요하다. 빵을 싫어한다고 말할 수 있는 용기가 필요하다. 형님도 빵을 주고 있는 자신의 행동이 동서에게는 그닥 반갑지 않은 일이라는 것을 안다면 행동하지 않을 것이다. 형님에게 동서가 원하지 않는 행동을 하지 않을 수 있게 해주는 것이 진정한 '배려'가 아닐까? 형님 입장에서 "마음에도 없는 빵을 그럼 왜 여태까지 받았던 거야?"라고 묻는다면 그 말에 동서는 어떻게 책임질 수 있을까.

지금은 초등학교 4학년인 딸아이는 유독 어렸을 때부터 사탕과 제리를 좋아하지 않았다. 대게의 아이들이 사탕과 제리를 좋아하는 것과는 사뭇 다르다. 어른들이 보통 아이들과 친해지고자 할 때 사탕이나 제리를 주기 마련이다. 적어도 나의 딸에게는 통하지 않는다. 지인 하나가 이렇게 말한다 "너 주려고 이모가 제리 사왔다. 맛있겠지?", "아니요, 저 제리 싫어하는데요?", 순간 당황한 지인이 말하기를 "그래도 이모가 너 생각해서 사 왔는데, 받아라 얘", 딸아이가 받고 싶지 않다는 표정으로 나를 바라보면서 SOS를 친다. 나는 어릴 때부터 교육받은 대로 "그래도 어른이 주시는데, 고맙다고 하고 받아야지!"라고 말하지 않았다. 순간 민망함이 없지는 않았으나, 좀 더 정중하게 거절하는 법을 가르치기로 했다. 그래야 더 이상 불필요하게 지인들이 주는 사탕 세례에 노출되면서 스트레스받지 않아도 될 테니까.

물론 제리나 유통기한 임박한 빵을 받는 것이 싫은 일이기는 하나 그렇게 스트레스받지 않는다면 거절하지 않아도 좋다. 그건 개인의 선택이다. 그러나 적어도 동서나 딸의 경우는 그러한 상황에 노출되는 것이 분명 스트레스임에 틀림이 없다. 그렇다면 상대의 기준으로 나를 배려하는 것을 멈추게 할 필요가 있다. 솔직하게 말하는 것이 답이다. 솔직하게 말하는 것이 익숙하지 않지만 용기를 내야 한다고 [곰씨 아저씨]는 말하고 있다. 처음 한 번이 어렵지, 하다 보면 익숙해진다고 고백들을 해온다. 부디 용기내어 볼 수 있기를....

맞벌이와 가사에 시달리는 아내가 남편에게 도움을 청한다. 설거지 정도는 도와줄 수 있지 않느냐고. 남편은 아내에게 식기세척기를 선물한다. 요즘은 식기세척기가 가격도 싸지고 성능이 좋아져서 필수품이 되어가고 있지만, 얼마전까지만 해도 주부들 사이에서 식기세척기는 비싸고 세척력도 신뢰할 수 없는 물건이라는 인식이 강했다. 아내는 식기세척기가 싫다. 무엇보다 비싸서 싫다. 도와달라고 하는 설거지는 안 도와주고, 싫다고 하는 식기세척기를 상의도 없이 사왔다.

화가 났다. 그러나 화를 낼 수가 없다. 화를 내면 안될 것 같기 때문이다. 남편이 날 위해서 그래도 큰 맘 먹고 거금을 써서 사온 식기세척기인데 그 마음이 고맙기 때문이다. **정확히는 고마워해야 하기 때문이다.** 주변 지인들도 난리가 아니다. 좋겠다. 나도 식기세척기 사다 주는 남편하고 살고 싶다. 너는 무슨 복이 많아서 식기세척기 사다 주는 남편이랑 사노...

밖에서 보기에는 아내를 위해 큰 돈 들여 식기세척기 사다 주는 좋은 남편이다. **고마워해야 한다.** 여기까지가 관념이다.

'아내를 위해 식기세척기를 사다 주는 남편은 좋은 남편'

아내가 식기세척기를 싫어하든 말든,
식기세척기 살 돈을 아내가 아까워하든 말든
식기세척기 사다 놓고 식기세척기 사용하라고 하면서
설거지를 하지 않는 남편을 보고 화가 나든 말든
안 그래도 좁은 부엌에 필요도 없는
큰 식기세척기를 볼 때마다 화가 나든 말든
식기세척기를 사다 준 남편의 마음은
고마워해야 하는 것이다.

아내조차도 마음에서 불끈불끈 솟는 화를 이 관념 하나로 누그러뜨린다. 그래도 나를 위해 거금의 식기세척기를 사다 주는 내 남편은 좋은 남편.

식기세척기의 주인공인 아내는 식기세척기를 단 한 번도 쓰지 않았으며 정확히 5년만에 버렸다고 한다. 쓰지도 않는 식기세척기를 왜 그토록 오래 가지고 있었느냐고 물었더니, 그래도 남편의 마음인데 바로 버릴 수가 없었다는 것! 아내의 생각은 전혀 반영되지 않은 남편 기준의 남편 생각만으로 사온 식기세척기를 정녕 고마워해야 하는 것인지 생각해 볼 일이다.

아이가 돌박이였던 시절을 이야기하며 한 주부가 눈시울을 붉힌다. 그때 있었던 일을 이야기하면서 그 순간의 감정으로 돌아가는 듯이 보인다. 육아로 힘든 아내를 위해 남편이 아내의 서프라이즈 생일파티를 준비했던 것. 아내 몰래 아내의 친구들을 초대하고, 팬션을 빌려 파티를 준비했다. 처음 그 말을 들었을 때는 감동 그 자체였으나 현실은 그렇지 못했다. 돌박이 아이를 함께 데려간 것이다. 아이는 엄마를 계속해서 불러댄다. 낯선 팬션, 깜깜한 방안에서 분유를 먹이며, 밖에서 들려오는 친구들과 남편이 시끌벅적하게 떠드는 소리를 들어야 했다. 서프라이즈 파티라는 허울만 있고 방 안에 혼자 놓여 아이와 씨름하는 아내의 마음은 안중에도 없는 파티!! 외롭고 서글펐다. 이것이 남들이 부러워하는 서프라이즈의 실체다. 남들은 실제로 일어났을 법한 디테일에는 관심이 없다. 표면적으로 보여지는 서프라이즈 파티가 주는 환상으로 이러쿵 저러쿵하고 만다.

'육아로 힘든 아내를 위해 서프라이즈 생일파티를 준비해 준 좋은 남편'

우리 사회에는
누가 정했는지도 모를 관념이 너무 많다!!

식기세척기와 마찬가지로 소식을 전해 들은 지인들이 여기서도 난리가 났다. 세상에 그런 남편이 어디있냐고!!! 보기에는 그럴싸하지만 내실은 전혀 없는 오히려 가슴이 답답한 생일파티였다. 써프라이즈 파티의 주인공인 아내 역시 '내 남편은 서프라이즈 파티를 해주는 좋은남편'이라고 자신을 세뇌하면서 남편에게 고마워했다. 자기 자신을 외롭고 쓸쓸하게 만들었던 생일은 남편을 좋은 남편이라고 정의하는 데 전혀 영향을 비치지 않는 듯 보였다.

"그래도 친구들에게 일일이 전화하고 피티 준비해 준 그 마음이 고맙잖아요"
"그래서 좋았어요??"
"아니요!!! 아니라고 몇 번을 말해요!" 그때만 생각하면 아직도 가슴이 답답하단다. 그런데 고맙다니...

식기세척기가 아니고, 가끔 설거지를 도와주는 남편이기를 바랐고, 써프라이즈 파티가 아닌 가끔은 아기 귀저기 가는 것을 도와주는 남편이기를 바랐다. 함께 한다는 것만으로도 힘이 될 때가 있다.

그러나 그들은 아내가 원하는 것을 잘 알지 못했다. 식기세척기 사다줬는데 왜 안쓰는 거야? 라고 타박을 하며 더 이상 설거지 이야기를 꺼내지 못하게 했으며, 서프라이즈 파티까지 해줬는데 나보고 더 이상 뭘 어떻게 도와달라고? 라고 말하는 것이다. 식기세척기가 하나도안 고맙다고 말할 수 있어야 하고 써프라이즈 파티가 필요없다고 말해야 한다. 아내의 생각과 아내가 진정원하는 것에 대한 고려 없는 남편들의 선심은 전혀 고맙지가 않다. **관념이 만들어 놓은 틀**대로 고마워해야 할 필요는 없는 것이다.

"정말 고마워요?
진심으로 고맙다는 생각이 들어요?"라고 물었다.
"그래도 그 마음이 고맙잖아요"

자세히 들어보면 고마운 것이 아니고 고마워해야 하는 것으로 들린다. 소위 고맙다고 여겨지는 그 마음이 빛을 발하려면 아내의 마음이 고려되었어야 하는 것이다. 아내의 마음을 헤아리지 않고 남편의 기준으로 준비한 식기세척기도, 서프라이즈 파티도 그 빛이 바래고 마는 것이다.

내가 진정 고마움을 느끼는지 진중하게 생각해 볼 일이다.
고마운 것과 고마워해야 하는 것의 구분이 필요하다. 이를
구별할 줄 아는 것이 지혜다. 이러한 지혜를 찾는 과정이
철학이다. 지혜를 얻기 위해 나 자신에게 끊임없이 질문을
던지는 일은 매우 중요하다.

"나는 정말 그에게 고마운 마음이 드는가?"
사회가 정해 놓은 관념과 부럽다고 외쳐대는 주변인들에게
등 떠밀려 나 자신을 속이고 있지나 않는지 생각해 볼 일이
다.

불기자심(不期自心)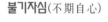

나를 자세히 표현해 내는 일
나의 마음을 정확히 아는 일
내 마음과 사회가 만들어 놓은 관념이 충돌할 때
그 틀을 깨는 일
사회의 관념으로 나를 속이지 않는 일
곰씨는 해냈다.
"나도 할 수 있다!"고 믿자!

틈새

하지만 하지만 할머니

사노요코 글 / 그림, **상상스쿨**

"하지만 나는 98살인걸"이라고 말하고는 함께 사는 고양이
가 권하는 일들을 늘 할 수 없다고 말했던 할머니의 99살
생일날. 양초를 사러간 고양이가 양초를 냇물에 빠뜨리는
바람에 겨우 건진 5개의 초만을 꽂고 생일파티를 한다. 5살
생일파티를 하게 된 셈. 이후 할머니가 변한다. 98살은 할
수 없지만 5살은 할 수 있는 일이 있다.

시내자식은 울면 안되고(요즘은 많이 달라졌지만), 낮잠을 자
면 게으른 사람이고, 얘가 어디 어른한테 말대꾸를 해, 혼
자놀면 친구가 없다 & 친구가 없으면 사회성이 떨어진다.
기타 등등. 어디까지 믿을 수 있는지도 모를 근거 없는 기
준들이 나를 힘들게 하고 있지 않는지를 생각해 볼 일이다.

아침 6시부터 8시까지 직원들이 출근하기 전 청소를 하시는 분이 낮에 낮잠을 자면서, 혹여라도 전화를 받을라치면 부끄러워한다. 아침 일찍 일을 하면 낮에 낮잠을 자서 에너지를 충전하는 것은 당연한 일 같아 보이나 이 분은 '낮잠 자는 사람은 게으르다'는 틀을 가지고 있었고, 낮잠을 잤기 때문에 자신은 게으르다고 굳게 믿고 있는 듯했다. 내가 곁에서 본 이 분은 정말 열심히 살고 끊임없이 움직이는 부지런한 사람이다. 그런데 낮잠을 잔다는 이유로 스스로를 게으르다고 부끄러워했다. 내내 부지런히 움직이다 짬나는 시간 집에 있으면 누구라도 잠이 올텐데 말이다.

우리 사회에는 정해 놓은 것이 너무 많다

누가 정한 것인지도 모르는 것에 나 자신을 끼워 맞추려니 얼마나 불행한지 모르겠다. 나는 지금 눈물이 나는데, 사내자식이라는 이유로 저절로 흘러나오는 눈물을 감추느라 고생이 이만저만 하지가 않다.

2019년 1월 9일 개봉
감독: 피터 패럴리

153

인종차별이 극심했던 1960년대 미국사회에서의 흑인 천재 음악가와 백인 운전사의 우정을 그린 영화다. 미국의 **인종차별**에 관한 기사는 2020년 9월 현재에도 여전히 진행중이다.

주인공 돈 셜리의 미국 남부(당시 흑인에게는 위험하다고 소문난) 투어공연 동안에 벌어지는 갖가지 차별에 대한 에피소드들이 공감이 간다. 청중과 공연스텝들 운전사까지도 럭셔리한 식당에서 식사를 하는데 정작 가장 중요하고도 귀하게 모신 피아니스트인 돈 셜리는 흑인이라는 이유로 식당 내부에 있는 화장실을 이용할 수가 없다. 억울하지 않을 수가 없다. 도대체 흑인은 내부 화장실을 이용할 수 없다고 누가 정했는가? **어떤 흑인도 이에 동의한 적이 없다.** 그들만의 기준이다.

우리 사회에는 갖가지 차별이 존재한다.

돈 셜리가 차별받는 것처럼 다양한 곳에서의 차별이 존재한다. 납득하기도 어렵고 억울하다 느끼는 경우를 한두 번씩은 경험해 보았으리라. 내가 이 영화에서 집중하고 싶은 것은 억울한 상황을 잘 대처해낸 돈 셜리의 행동이다.

내가 왜 부당하고 억울한 상황을 겪어야 하는지에 화가 나고 이런 부당한 일은 일어나서는 안된다고 항변한다. 그러나 이와 같은 부당한 일은 부지기수로 일어난다. 뉴스에 연일 온갖 갑질에 대한 기사들이 쏟아진다. 내가 억울한 일을 만났을 때 어떻게 했었는지 잠시 생각해 보라.

[그린북]에 나오는 레스토랑의 화장실은 백인들 것이었고 화장실의 주인인 백인이 흑인은 화장실을 사용하지 못하게 정했다. 기가 막히고 코가 막히는 일이지만 그들의 기준이 그러하다. 그래서 레스토랑 주인은 돈 셜리에게 내부 화장실을 사용할 수는 없지만 건물 밖에 만들어진 허름한 화장실을 사용할 수 있다고 대안을 제시한다. 친절하게도 건물 밖에 화장실까지 마련해준 성의에 감사라도 표해야 할까?

나라면 투덜투덜 온갖 욕이란 욕은 다 퍼부어가면서 건물 밖 화장실을 사용하고, 사용한 후엔 부당함과 억울함에 대한 불만을 무한히 늘어놓을 것 같다. 달리 방법이 없어보이니 말이다.

그들의 화장실을 그들만의 기준으로 사용하겠다는 것은 그들의 권리다. 그들이 그렇게 정했다고 하는데 어쩔 도리가 없다. 그들의 권리를 인정한다고 해서 그들이 제안한 대로 건물 밖 허름한 화장실을 사용할 의무는 없다. 돈 셜리 는 이렇게 말한다. "당신이 제안한 건물 밖 화장실은 사용하고 싶지 않네요. 내 숙소 화장실을 다녀오면 적어도 30분은 걸려요." 결국 돈 셜리는 자신의 기준을 만들었다. 건물 밖 허름한 화장실은 사용하지 않겠다는 기준. 숙소 화장실을 다녀오는 데는 시간이 많이 소요되기 때문에 연주회도 역시나 30분 늦게 시작되는 것이다. 그들의 기준대로하고 싶다면 그들도 30분 기다려야 하는 불편함을 감수해야 하는 것이다.

타인이 만들어 놓은 기준에 나를 가두지 말자. 그들의 권리를 존중하고 부당함에 대처하는 능력을 키워야 한다. 이것역시 불필요한 화를 줄이는 좋은 방법이다. 투덜거리고 화를 내는 것으로 변화가 일어나지 않는다는 것은 경험해 보았으리라. 좀 더 이성적으로 생각할 필요가 있다. 건물 내부의 화장실을 사용하지 못하게 한 그들에게 30분을 기다려야 한다는 불편함이 있어야 변화 가능성이라도 있다. 과연 그들이 30분을 기다리는 것과 맞바꿀 만큼 중요한 일인가에 대해 생각해 볼 기회를 주는 것이기 때문이다.

그들이 옳다고 믿고 이미 정해 놓은 기준에 대해 옳고 그름을 따지는 것은 그저 생각이 다른 사람에게 내 생각이 옳다고 강요하는 것이나 다름없다. 흑인은 건물 내부의 화장실을 사용해서는 안된다고 생각하는 것을 백인들은 옳다고 믿는 것이다. 그들에게 그러한 행동은 옳지 않다고 백번설명해 봐야 듣지 않는다. 들을 수가 없다. 그러니 옳지 않다고 깨달을 수 있는 질문을 던지던가, 돈 셜리처럼 그들도불편함을 경험해보게 하던가.

결국 그들이 옳지 않음을 내가 설명할 것이 아니라 그들이
직접 깨달을 수 있도록 하는 그 어떤 행동이 필요한 것이다.
그 어떤 행동은 생각할 수 있을 때 얻을 수 있는 답이다.
바로 **지혜.**

생각하며 살아야 한다. 내 삶의 상황 상황에서 겪는 다양한 관계 속에서 끊임없이 생각해서 얻어내는 지혜가 필요하다. 전문가를 믿기보다 내 스스로가 판단하고, 행동으로 옮기고, 책임도 질 수 있는 그런 삶! 실수하고 좋은 결과를 얻지 못해도 행복하다. 경험해 본 자만이 알 수 있는 행복감이 있다.

옳다고 믿고 노력하던 일이 결과가 나오지 않으면 지치기 마련이다. 어느 순간 그런 기분이 들 때 우울하다. 그래서 우울하다고 이야기 했더니 주변 지인들이 믿지 않는 눈치다. 기운도 없고 매사에 힘도 나지 않는데 위로 받을 수가 없다.

"에이 하나도 안 우울해 보여요. 입술도 마르고, 얼굴에 생기도 없어야 믿어질텐데. 소위 머리 싸매고 누워는 줘야 우울한 거 아닌가? 우울한 사람이 어떻게 그렇게 에너지 넘치게 강의를 해요?"라고 되묻는다. 난감하다.

당사자가 우울하다는데, 자기만의 기준으로 정해 놓은 우울모드 밖에 있다고 존중해 주지 않는다. 당사자의 말보다 자신의 기준이 더 중요하다. 내 기분인데... 왜 내 기분을 내 기준으로 바라봐 주지 않고 타인의 기준으로 내 기분을 이해할까?

친구가 없고 대인관계가 원활하지 않기 때문에 사회성을 키우기 위해 세 살 때부터 온갖 상담실을 전전한 소소. 내가 소소를 처음 만났을 때는 상대가 무슨 말을 하든 허공이나 먼 산을 바라보며 노래를 불렀다. 그때 한참 유행하던 "사랑을 했다. 우리가 만나. 지우지 못할 추억이 됐다". 그 좋은 노래를 연구소에 오는 아이들은 모두 진저리를 냈다. 처음은 그렇게 서툴렀지만, 하지만 지금은 노크도 하고 자신이 원하지 않는 기다림도 상대를 위해 할 줄 안다. 그저 조금 다를 뿐인데 우리 사회는 그것을 존중하는 힘이 부족해 보인다.

소소는 자기 자신에 대해 표현하는 것이 서툴다. 타인에게 자신이 화가 났음을 표현할 때 씩씩거리는 연기를 한다. 어깨를 과하게 들썩들썩하면서 입으로는 씩씩거린다. 화가 나서 자연스럽게 어깨가 들썩거리고 씩씩거리는 호흡이 나오는 것이 아니라서 어딘가 모르게 부자연스럽다. 낯설다. 이상한 사람 취급을 받는다. '이상해'가 아니라, '다르네!!'로 볼 수 있으면 문제될 것이 없다. "그렇게 하지 말고 뭐가 불편한 것이 있으면 말로 해주었으면 좋겠어", 씩씩거리던 과한 행동이 한순간에 돌아온다. 정말 화가 나서 씩씩거리던 사람은 그렇게 쉽게 진정될 수가 없는 것과는 딴판이다. 그리고는 역시나 서툴지만 자신이 불편한 상황에 대해 설명하려고 노력한다. 이것 역시 이상하다고 여겨지는 부분이 있지만, 보통 사람들과 다르네라는 시각으로 바라보고 대화를 이어나가면 문제될 것이 없다. 물론 이렇게까지 대화를 할 수 있는 데까지 2년이라는 오랜 시간이 걸렸다. 그러나 가장 중요했던 원칙은 '존중'이었다.

소소는 자기가 벌에 쏘였다고 이야기하고 다닌다. 엄마는 소소가 벌에 쏘인 적이 없는데 자꾸 벌에 쏘였다고 말하고 다녀서 난감하다고 한다. 사람들이 "소소가 벌에 쏘였었다면서요?"라고 물어오면 어디서부터 어떻게 설명해야 할지 모르겠다고.

소소와 한참 이야기를 나누어 보니 모기한테 물린 것이고, 모기는 자기 자신의 기준으로는 작은 벌이라는 것이다. 남들은 소소가 말하는 작은 벌을 모기라고 부르고, 소소가 작은 벌이라고 하면 사람들은 알아들을 수가 없다고 설명해 주었다. 그래서 소소가 모기를 소소가 부르고 싶은 데로 작은 벌이라고 부르는 것은 상관없지만 다른 사람은 알아들을 수 없기 때문에 소소하고 대화하고 싶지 않을지도 모르겠다고 설명해 주었다. 요즘은 적어도 상대가 알아들을 수 있는 단어를 사용하기 위해 노력한다. "모기지! 무슨 벌이야, 웃겨!!"가 아닌 소소가 이야기하는 것을 듣고 나와 다름에 대해 설명해 주는 것. **이것이 존중이고 진정한 대화다.**

진심으로 대화할 수 있으면 문제될 것이 없다. 타인의 나와 다른 생각을 들을 수 있으면, 나와 다른 타인의 생각을 듣고 긍정할 수 있으면 OK.

물론 남의 이야기는 듣기도 쉽고 이해하기도 쉽다. 다 잘할 것 같지만 내 상황으로 가져오면 나와 다른 생각을 하는 타인을 존중하는 것이 생각처럼 쉽지 않다. 그러나 할 수 있다고 믿자.

그리고

나 자신을 향해 수많은 **질문**을 던져 보자

화두

선물

누구나 한번쯤은 주고 받았을
나는 선물을 누구에게
그리고 언제
또 무엇을 주었나요?

내가 받아 본
선물.
기억나는 것이 있을까요?

선물은 무엇인가요?
나에게 있어 선물이 의미하는 것은 무엇일까요?

선물을 주는 날이 따로 정해져 있나요?
일반적으로 선물을 주고 받는 날이 아닌 때에 선물을 받아
본 적이 있나요?

선물하는 것이 부담스럽게 여겨졌던 적이 있을까요?
선물은 왜 할까요?

나는 누구에게 어떤 선물이 받고 싶을까요?

나 에게 선물을 준 적이 있나요?

지금 이 순간
누군가에게
선물이 주고 싶다면
누구일까요?
어떤 선물이 좋을까요?
떠오른 누군가에게
선물이 주고 싶은 이유는
무엇일까요?

선물하면 생각나는
일반적인 리스트 말고
선물에 대한 생각을 해보자.

20대 말의 절친.
청춘녀 두 명이 맥주집에서 오랜만에 만나 술 한잔을 한다.
술값은 대기업 다니는 친구가 내고 대학 시간강사 친구는
차를 산다. 그렇게 하자고 정한 것은 없지만 자연스럽게
그리 된다. 시간강사 친구는 늘 자신의 처지를 배려해주는
친구가 고맙다. 이런 수다 저런 수다로 재미가 난다.

홀에는 다양한 음악이 흐르고...
가끔은 음악이 화제에 오르기도 한다.
"아~ 이 노래 너무 좋다" 대기업 다니는 친구가 말한다.
맥주는 배도 부르고 화장실도 자주 간다.
대학 시간강사 친구가 화장실을 간다.
가는 길에 카운터에 들러 지금 흐르는 음악의 제목을 알아
낸다.
그리고....
아래층 레코드 가게에 가서 CD를 산다.
그리고 선물한다^^

선물은 개인마다 그 의미가 다르겠지만
고마운 마음을 표현할 때 선물을 주기도 한다.
평소 고마운 이에게 관심을 가져보자~
고마운 마음에 그에 대한 관심이 더해졌을 때 어떤 선물이
좋을지 아이디어가 떠오르게 된다.
나에게 고마운 사람은 누구인가?
나는 그에 대해 얼마나 알고 있나?
나의 마음에 스토리를 담아보자 ^^

큰 맘 먹고 해외여행을 다녀온다. 여행경비도 빠듯했는데 면세점에 진열된 립스틱은 참으로 견물생심이 들게 한다. 립스틱을 들었다 놓았다 고민고민하다가 그냥 내려놓는다. 공항을 빠져나와 일행과 헤어진다. 인사를 나누는데 일행이 립스틱을 건네 준다. **선물이 빛이 난다.**

선물은 꼭 내가 갖고 싶었던 것이어서이기도 하지만 립스틱을 만지작거리던 나에 대해, 그냥 흘려들었어도 좋을 음악에 대한 나의 표현. 곧 나에 대해 관심을 가지고 있는 마음이 느껴질 때, 선물을 받아서 좋기만 하지 않고, 감동을 하게 된다.

고단한 삶에 단비가 되는 좋은 소재꺼리로서의 선물!!
비싸지 않게 할 수 있지 않을까?

초등학교 6학년.

단짝 친구 여은이에게 선물을 해 주고 싶다. 다이소에서 파는 예쁜 쇼핑백을 하나 사서 그 속에 마음을 담아낸다. 평소 여은이가 좋아하는 과자를 생각해 낸다. 빈츠, 극세빼빼로, 쿠크다스, 왓따껌 콜라맛, 씨리얼, 칸쵸를 담아 쇼핑백을 건네준다. 여은이가 먹는 과자에 대해 평소 관심을 갖지 않았다면 할 수 없는 선물이다.

내가 충분히 관심받고 있다는 것을
느끼는 **순간이 선물이다.**
CD와 립스틱과 과자는 마음을 느끼게 하는 매개체다.
선물에 마음을 담아보자~

나는 누가 고마운가?
나는 그에 대해 무엇을 알고 있나?
관심을 가져보자~
고마운 마음을 전할 수 있는 좋은 방법이 떠오르리라.

이 모든 것이 가능하려면
참 많은 생각들이 필요하다.
생각하는 일이 즐거울 수 있다.
생각하는 것
지금 시작하자.
생각!!!

기도

바람.

기도해 본 적이 있나요?

무엇인가를 간절히 바라본 적이 있나요?

바랐던 무엇인가가 이루어졌나요?
이루어지지 않았을 때 어떤 마음이었나요?

간절히 기도하면 이루어지나?

기도는 왜 할까?

태권도 승단 심사를 보기 위해 열심히 연습했다고 생각하
는 초등학교 1학년.
날마다 날마다
합격기원 기도를 태권도 연습보다 열심히 한다.
〈열심히〉는
그 기준이 사람에 따라 모두 다르게 정해지는 법!!
엄마 보기에는 연습량이 턱없이 부족해 보이지만
열심히 하면 합격할 수 있다고
격려의 말을 아끼지 않는다.

결과는
탈락~

열심히 연습했다고 철석같이 믿고 있는 초등학교 1학년은
탈락이라는 상황을 받아들일 수가 없다. 열심히 하면 합격
한다고 격려해 준 엄마에게 화풀이를 하고 마는데...

정말 열심히 하면 이루어지나?
열심히 했는데 이루어지지 않았던 경험은 없나?
이루지 못했다면 열심히 하지 않은 것인가?

여러분은 어떻게 기도하나요?

이렇게 기도해 보면 어떨까?

혹여라도 태권도 승단시험에 합격하지 못하게 되었을 때
밀려오는 상실감을 잘 **견딜 수 있는 힘**을 갖게 해주세요.

진인사대천명(盡人事待天命)
사람이 할 수 있는 일을 다 하고서
하늘의 뜻을 기다린다.

열심히 했으나 결과가 좋지 않았을 때
밀려오는 상실감을 이겨내는 것이 우리 삶에는 꼭 필요하
다. 이를 위한 기도를 해 보자~

나는 영천에 산다.
인구 10만의 소도시다
여아들의 로망인 발레학원이 없다.
딱 한 곳이 있었으나
발레 선생님이 결혼 후 출산을 하면서
대체해줄 선생님을 구하지 못해 발레 운영을 멈추었다.
여섯 살 딸아이~
전국 각지의 소원 쪽지가 있는 모든 곳에서 기도를 한다.
"영천에 발레학원이 생기게 해주세요"
그 옆에서 나도 기도한다.
"발레학원이 생기지 않아도 여은이가 상처받지 않을 수 있
는 힘을 주세요."

무탄트 메시지

바꿀 수 없는 것은

순순히 받아들이는 평심과

바꿀 수 있는 것은 과감하게 바꾸는 용기와

그 차이를 아는 지혜를 주옵소서

가치

나에게 의미 있는 가치는 무엇인가요?
쓸모 있고 없고는 누가 정하나요?

나에게 쓸모 있는 것은 어떤 것인가요?

주변에 쓸데없는 것들이 있나요?
쓸데없는 일을 하는 사람을 알고 있나요?

팽이!

초등학교 남자아이들에게 인기 만점인 팽이! 크리스마스 시즌에는 선물준비를 미리해 두지 않으면 동이 나기도 하는 팽이! 일단 비싸다. 2020년 현재 개당 35,000~40,000원 정도 종류도 많고 그 많은 종류의 팽이를 아이들은 모두 가지고 싶어해 한다. 어떤 친구가 부러운지에 대한 이야기를 나눌 때 팽이를 많이 가지고 있는 친구, 또는 나에게 없는 팽이를 가진 친구라는 대답이 심심치 않게 나온다. 부모는 등골이 휜다. 볼 때마다 머릿 속에 스지는 돈계산은 물론이요, 바닥에 널부러져 있는 상황이라도 목격할라치면 큰소리가 절로 난다. "빨리 안 치우면 다 버려버린다!!" 간혹 바닥에 널려있는 팽이를 밟기도 한다. 아프다.

정말 쓸데없다고 생각되는 팽이.

아마도 남자아이를 키워 본 부모라면 공감되는 부분이 많을 것이다. 한두 개만 있으면 되지. 왜 이렇게 많이 필요한 거야? 물색없이 사들고 오는 남편도 밉다

"네가 가진 물건 중에 엄마가 쓸모없다고 하는 물건이 있니?"

"네! 팽이요, 하나만 남기고 다 가져다 버리래요."

"그런데 팽이는 왜 그렇게 많이 필요해? 몇 개만 있으면 되지 않아?"

라고 물었더니 나는 구분도 안되는 팽이의 디자인부터 성능, 기억도 안나는 차이에 대해 열심히 설명한다. 한껏 들떠 신나는 목소리로 말이다.

"그럼 엄마 물건 중에 필요 없다고 생각되는 물건이 있어?"

"네! 립스틱이요"

"립스틱은 여자들에게 꼭 필요해, 바르면 이쁘지 않아?"

"하나만 있으면 되잖아요. 엄청 많아요!!!"

속속들이 이해할 수는 없지만

'내가 쓸모없다고 여기는 아들의 팽이가 곧 나에게는엄청 쓸모 있는 립스틱과 동급이다.'라고 생각하니 뭐 이해가 쉽다.

각자의 기준에서 쓸모 있고 없고를 결정하고 타인에게 강요하는 일이 얼마나 어리석은지...

팽이는 쓸데없지만 내 아이의 팽이가 나의 립스틱과도 같은 의미가 있는 것이구나를 생각할 수 있으면 적어도 내 아이가 소중하게 생각하는 팽이를 향해 〈쓸데없는〉 물건이라는 말로 상처를 주는 일은 없지 않을까?

남의 이야기는 쉽다.
내 상황과 내 이야기로 가져오는 것이 힘들다.
시어머니 방과 며느리 방을 넘나들며,
시어머니 방에 가면 시어머니 말이 맞고
며느리 방에가면 며느리 말이 맞지만,
정작 내가 당사자가 되어 **객관화**시키는 일은 참으로 어렵다.

그렇지만 해야 한다.
자기 객관화로 직면하게 되는
나의 모습이 때로는 힘에 겹도록 고통스럽겠지만
고진감래(苦盡甘來)라고 했던가!
깨달음의 고지에서
행복의 크기를
직접 경험해 보기를 바란다.

여행

1. 나는 어떤 여행을 꿈꾸나요?
2. 기억에 남는 여행에 대해 이야기 해 보세요.
3. 누구와 함께 여행하고 싶은가요?
4. 여행갈 때 꼭 가져가야 하는 것은?

▪ 유사단어 - 휴가 ㅣ 출장 ㅣ 관광 ㅣ 투어 ㅣ 유람 ㅣ 소풍
▪ 연상단어 - 힐링 ㅣ 이동 ㅣ 산책 ㅣ 목적 ㅣ 비행기 ㅣ 여권
　　　　　　계획 ㅣ 배낭 ㅣ 자유 ㅣ 가이드 ㅣ 방랑 ㅣ 모험

1. 나의 삶은 재미가 있나요?
2. 나는 무엇을 할 때 재미를 느끼나요?
3. 나는 무엇이 재미없나요?
4. 내 주변에 재미있어 보이는 사람은 누구인가요?

▪ 유사단어 - 즐거운(즐겁다) ㅣ 흥미 ㅣ 관심 ㅣ 유쾌한 ㅣ 쾌락(쾌감)
▪ 연상단어 - 게임 ㅣ 놀이 ㅣ 영화 ㅣ 드라마 ㅣ 소재 ㅣ 장난 ㅣ 심심풀이
　　　　　　 중독 ㅣ 따분함 ㅣ 지루함

재미

집

1. 나는 집이 좋은가요?
2. 지금 나의 집은 어떤가요?
3. 지금 나의 집에서 쉴 수 있나요?
4. 내가 살고 싶은 집에 대해 이야기해 보세요.

▪ 유사단어 - 가정 ┃ 댁 ┃ 주거지 ┃ 보금자리
▪ 연상단어 - 가족 ┃ 안락함 ┃ 안정 ┃ 따뜻함 ┃ 쉼터 ┃ 아파트
　　　　　　 시댁 ┃ 친정 ┃ 고향

1. 나를 화나게 하는 사람은 누구인가요?
2. 나를 화나게 하는 행동은 어떤 것인가요?
3. 나는 화가 자주 나나요?
4. 나는 화가 났을 때 어떻게 하나요?

▪ 유사단어 - 성질 I 심통 I 골 I 역정 I 분노 I 노여움 I 부아 I 분통
▪ 연상단어 - 불 I 번지다 I 불조심 I 싸움 I 시비 I 진정 I 화해
          심한 말(욕) I 화병 I 분풀이 I 폭발 I 이성을 잃다

1. 지금 무엇이 끝났나요? (상상해 보세요)
2. 무엇을 끝내고 싶은가요?
3. 끝이 기다려지는 것이 있나요?
4. '끝'하면 떠오르는 것을 말해 보세요.

▪ 유사단어 - 마지막 I 마무리 I 엔딩 I 종료 I 결말 I 최후 I 최종 I 종결
▪ 연상단어 - 결과 I 죽음 I 꼴지 I 한계 I 드디어 I 주인공 I 기회 I 비전
　　　　　떠나다 I 결정 I 이별 I 포기 I 허무함 I 시원함

탈출

1. 나는 무엇으로부터 탈출하고 싶나요?
2. 벗어나고(탈출하고) 싶은 사람이 있나요?
3. 내가 하고 싶은 탈출에 대해 이야기해 보세요.
4. 내 삶의 탈출구는 무엇인가요?

▪ 유사단어 - 도망 ㅣ 도주 ㅣ 일탈 ㅣ 벗어나다
▪ 연상단어 - 일상 ㅣ 현실 ㅣ 비상구 ㅣ 방탈출 ㅣ 위기
   구속 ㅣ 탈북민 ㅣ 감옥

1. 간직하고 싶은 기억이 있나요?
2. 잊고 싶은 기억은 어떤 것인가요?
3. 누구와의 추억을 기억하고 싶은가요?
4. 나에게는 나쁜(좋은) 기억이 더 많은가요?

▪ 유사단어 - 암기 I 기록 I 메모리 I 생각 I 각인 I 저장
▪ 연상단어 - 추억 I 잊다 I 외우다 I 간직하다 I 회상 I 과거
　　　　　　어릴 적 I 즐거운 I 아련한 I 슬픔 I 옛 연인

1. 나에게는 어떤 힘이 필요한가요?
2. 내가 가진 힘은 어떤 것인가요?
3. 남이 가지고 있는 힘이 부러운 적이 있나요?
4. 내가 알고 있는 모든 힘에 대해 이야기해 보세요.

▪ 유사단어 - 힘ㅣ에너지ㅣ권력ㅣ위력ㅣ능력ㅣ역량ㅣ노력ㅣ기운차다
▪ 연상단어 - 금수저ㅣ갑ㅣ돈ㅣ왕ㅣ우리ㅣ최선ㅣ위로(격려)
　　　　　　도움ㅣ강자ㅣ약자ㅣ용기

1. 나에 대해 무엇을 이야기 하고 싶나요?
2. 내가 바라는 나의 모습은 어떤 모습인가요?
3. 나의 주변인들이 나에 대해 어떻게 이야기할지
   생각해 보세요. (그들이 나에 대해 어떻게
   말할지를 생각해 보는 겁니다.)
4. 나를 얼마나 사랑하는지 점수로 말해 보세요.

▪ 유사단어 – 자신 | 본인 | 스스로
▪ 연상단어 – 누구? | 남 | 타인 | 너 | 우리 | 비밀 | 속마음
　　　　　　가식 | 관심

말

1. 내가 가장 듣고 싶은 말이 있나요?
2. 내가 자주 하는 말은 무엇인가요?
3. 말하는 것을 좋아하나요?
   듣는 것을 좋아하나요?
4. 말실수 했던 경험에 대해 이야기해 보세요.

- 유사단어 - 이야기 l 언어 l 표현 l 소리 l 대화
- 연상단어 - 입 l 말투 l 동음이의어(말장난) l 잔소리 l 꾸중
  소문 l 무섭다 l 혼잣말 l 거짓말 l 소통 l 외국어

1. 나는 어떤 상상을 해 보았나요?
2. 나의 10년 뒤 미래를 상상해 보세요.
3. 나를 사람이 아닌 다른 무엇으로 상상해 보세요.
4. 나의 상상은 부정적? or 긍정적인가요?

▪ 유사단어 - 공상 I 망상 I 예상 I 추측 I 구상 I 생각 I 기상
▪ 연상단어 - 꿈 I 허황되다 I 추상적인 I 미래 I 의구심 I 그리움
　　　　　　신 I 외계인 I 우주

1. 나의 오늘에 대해 이야기해 보세요.
2. 내가 중요하게 생각하는 것이 오늘인가요?
3. 나에게 오늘 꼭 해야 하는 일이 있나요?
4. 오늘의 기분을 점수로 표현하면?
5. 나의 오늘 어떠하기를 희망하나요?

- 유사단어 - 지금 I 금일 I 본일 I 현재 I 이 날
- 연상단어 - 내일 I 아침 I ~부터 I 할 일 I 약속 I 날씨 I 운세

1. 내가 꿈꾸는 반전이 있나요?
2. 나는 어떠한 반전에 흥미를 느끼나요?
3. 나는 반전을 즐기나(불편한가)요?
4. 내 삶에 기억나는 반전에 대해 이야기해 보세요.

- 유사단어 – 역전 l 이의 l 뒤집다(뒤바뀌다) l 반대
- 연상단어 – 극적인 l 결말 l 영화 l 의외 l 스릴러 l 경기 l 상하(반전)

길

1. 나는 가고자 하는 길이 있나요?
2. 나는 혼자(함께) 걷는 길이 더 좋은가요?
3. 나는 어떤 길을 혼자(함께) 걷고 싶은가요?
4. 내가 가야만 하는 길은 어떤 길인가요?

▪ 유사단어 – 통로 l 거리 l 경로 l 여정 l 코스 l 방법 l 분야
▪ 연상단어 – 동행 l 출발점 l 목적지 l 진로 l 적성 l 걷다 l 가로수
　　　　　　 만나다 l 막다 l 코너 l 골목

1. 아직은 때가 아닌 무엇이 있나요?
2. 내가 아직 할 수 없는 것은 어떤 것인가요?
3. 내가 아직이라고 말할 때는 언제인가요?
4. 아직은 보낼 수 없는 무엇이 있을까요?

- 유사단어 - 미처 l 여태 l 여전히 l 겨우 l 고작
- 연상단어 - ~도 l ~밖에 l 지루함 l 미련 l 아쉬움 l 그리움 l 늦잠
  미완성 l 편지 l 소식 l 기다림 l 청춘

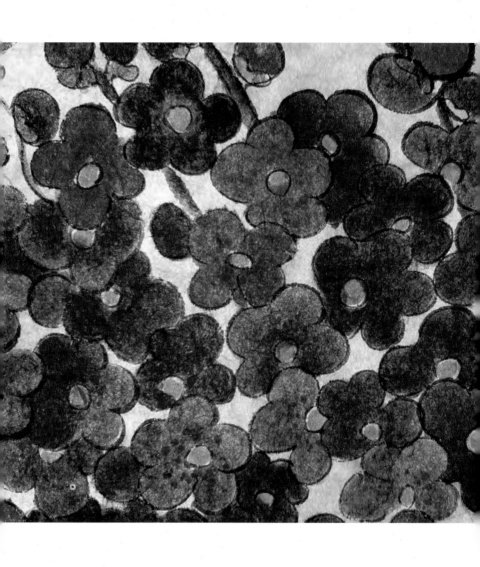

생각
꼭지

1. 눈을 감아 보세요. 어떤 소리가 들리나요?
2. 눈을 감아 보세요. 기분이 어떤가요?
3. 책의 제목이 왜 〈눈을 감아 보렴〉일까요?

1. 나는 왜 늘 형에게 뭔가 설명해 주고 싶을까요?
2. 형은 왜 늘 나와 말싸움만 하려고 할까요?
3. 나는 왜 엄마에게 달려가 울먹이면서 말했을까요?
4. 나는 왜 "형이 내 말을 잘 듣지 않아요"라고 말했을까요?
5. 엄마는 왜 "아마 형에게도 이유가 있을거야"라고 말했을까요?
6. 엄마는 왜 나에게 눈을 감아 보라고 말했을까요?

책 속에서 생각하기

204

1. 나는 왜 형이 말싸움을 하려고 한다고 생각했을까요?
2. 나는 형이 내 말을 잘 듣지 않는다고 말했어요. 그러면 나는 형의 말을 잘 들었나요?
3. 내가 말하는 것만 맞고 형이 말하는 것은 잘못 알고 있는 것인가요?
4. 나와 형은 왜 같은 사물을 두고 다르게 말하고 있나요?
5. 형은 왜 뱀(시계, 더러워진 몸, 비누)을 만져(들어, 냄새맡아, 쥐어) 보라고 했을까요?
6. 나는 눈에 보이는 것을 말하고 형은 듣고 만지고 냄새 맡은 것에 대해 이야기했어요. 둘의 관심이 왜 다른가요?
7. 눈을 감으면 어떤 점이 좋은(나쁜)가요?
8. 눈으로 볼 수 없는 사람은 사물을 어떻게 느낄까요?

1. 형은 눈으로는 볼 수 없지만 형만의 방법으로 사물을 표현해 내고 있어요.
   동생에게 형이 느끼는 것들이 왜 소중한지를
   〈알려주는 글〉을 써 보세요
2. 형은 형의 방식으로 사물을 설명하고 있어요.
   말싸움을 하려고 한다고 생각하는 동생에게 형의 방식으로 사물을 표현하는 것을 존중하는 마음을 가질 수 있도록
   〈설득하는 글〉을 써 보세요
3. 사물을 표현하는 다양한 방법에 대한 〈나의 생각〉 써 보기

1. 나의 단짝 친구는 누구인가요? 왜 단짝이 되었나요?
2. 나는 개가 무서운가요? 무서운 개를 본 적이 있나요?
3. 나는 친구와 친해지기 위해 어떤 노력을 해보았나요?
4. 다빈이와 솔이는 단짝친구라서 책도 같이 읽고 줄넘기도,
   인형놀이도 함께해요.
   나는 단짝친구와 어떤 것을 함께 하나요?

1. 다빈이는 왜 그날부터 솔이네 집에 갈 수가 없었을까요?
2. 일요일 아침 다빈이는 왜 엄마 옷을 입고 계단을 올랐을까요?
3. 무무는 왜 다빈이를 보고 "월월" 짖었을까요?
4. 월요일 아침 다빈이는 왜 괴물을 끌고 계단을 올랐을까요?
5. 화요일에 다빈이는 왜 자기가 좋아하는 케이크를 들고
   계단을 올랐을까요?
6. 수요일에는 왜 숨소리도 내지 않으려고 노력하면서
   계단을 올랐을까요?
7. 다빈이는 왜 무무가 "멍멍"하고 짖는지를 알 수 없었을까요?
8. 무무는 친구 강아지와 헤어져서 화가 났는데 왜 다빈이에게
   짖어댔을까요?
9. 다빈이는 왜 무무에 대해서 생각하고 또 생각했을까요?
10. 다빈이는 왜 일주일 내내 강아지를 사달라고 졸랐을까요?
11. 다빈이는 왜 코코를 안고 계단을 올랐을까요?
12. 무무는 왜 코코를 보고 꼬리를 살랑 흔들었을까요?

1. 무무의 주인 아주머니는 무무가 친구와 헤어져 화가 난 것 같다고 말했어요.
   무무가 짖는 것은 정말 화가 나서 짖는 것일까요?
2. 다빈이는 무무가 짖지 않게 하려고 많은 노력을 했지만 실패했어요.
   다빈이의 노력이 실패한 이유는 무엇이라고 생각하나요?
3. 코코를 보고 무무는 짖지 않았어요. 무무에게 필요했던 것은 무엇인가요?
4. 다빈이는 어떻게 해서 솔이네 집에 놀러갈 수 있었을까요?
5. 다빈이는 무무의 마음을 얻어 무무가 더 이상 다빈이를 보고 짖지 않았어요.
   다빈이가 무무의 마음을 얻어내는 데 가장 필요했던 것은 무엇인가요?
6. 상대방의 마음을 얻기 위해 가장 필요한 것은 무엇인가요?

1. 다빈이는 많은 노력과 생각 끝에 무무의 마음을 얻어냈어요.
   다빈이의 어떤 점을 칭찬해 주고 싶나요?
2. 다빈이를 〈칭찬하는 글〉을 써 보세요

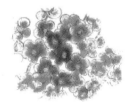

1. 손행자처럼 귀찮아서 해야 할 일을 하지 않은 적이 있나요?
2. 하늘나라 임금님은 손을 잡아오면 어처구니들의 죄를
   용서해 준다고 했어요.
   어떤 일을 하고서 벌받는 것을 대신해 본 적이 있나요?
3. 나는 어떤 일을 하는 것이 귀찮은가요?
4. 나는 무엇이 무서운가요?

1. 사람들은 왜 손을 혼내달라고 하늘에 빌었을까요?
2. 대당사부는 무슨 좋은 수가 있을 거라면서
   왜 화를 벌컥 냈을까요?
3. 대당사부는 왜 사흘 밤낮으로 책만 읽었을까요?
4. 손은 왜 이구룡의 말에 대수롭지 않게 지나갔을까요?
5. 손은 왜 저팔계의 말을 듣고 청동그릇 안의
   귀신이 궁금해졌을까요?
6. 손행자는 왜 기어드는 목소리로 두릅나무껍질을
   조금 썼다고 말했을까요?

1. 하늘나라 임금님이 말한 어처구니의 죄는 어떤 것들이었나요?
2. 임금님이 말한 죄목에 대해 어처구니들은 어떻게
   이야기하고 있나요?
3. 임금님이 말하는 죄와 어처구니들이 말하는 이야기를 듣고 나니
   어떤 생각이 드나요?
4. 내가 생각하는 [불공평]에는 어떤 것이 있나요?
5. 속은 사람이 나쁜가요? 속인 사람이 나쁜가요?
6. 대당사부는 어처구니들의 장점을 찾아 연습시켰어요
   나에게는 어떤 장점(단점)이 있나요?
7. 내가 생각하는 좋은 면(안좋은 면)에는 어떤 것들이 있나요?

1. 내가 싫어(좋아)하는 친구는 어떤 모습인가요?
2. 내가 싫어(좋아)하는 친구는 누구인가요?
3. 우리반 친구들의 장점을 한 가지씩 적어보세요
4. 내가 싫어하는 사람의 <좋은 점>을 적어보세요

생각 정리하기

알사탕

1. 나는 사탕을 좋아하나요?
   어떤 사탕을 좋아하나요?
2. 나는 혼자 노는 것을 좋아하나요? 나는 혼자(친구와 함께)
   놀 때가 더 많은가요?
3. 나는 누구와 함께 놀고 싶은가요?
4. 먼저 놀자고 하는 친구는 누구인가요? 나는 친구가 놀자고
   해 주는 것이 더 좋은가요?
5. 나의 부모님이 주로 하시는 말은 어떤 말인가요?
   그 중에 내가 제일 듣기 싫은 말이 있나요?

1. 동동이는 왜 혼자 놀까요?
2. 혼자 노는 것도 왜 나쁘지 않을까요?
3. 나는 왜 "친구들은 구슬치기가 얼마나 재미있는지 모른다"고
   말했을까요?
4. 친구들은 왜 만날 자기들끼리만 놀까요?
5. 친구들이 만날 자기들끼리만 노는데 왜 나는 그냥 혼자 놀기로
   했을까요?
6. 나는 왜 용기를 내어 소파 곁으로 갔을까요?
7. 나는 왜 지겨울까요?
8. 할머니는 왜 동동이에게 친구들과 "많이 많이 뛰어놀아라."라고
   말했을까요?
9. 나뭇잎들은 왜 동동이에게 "안녕"이라고 말했을까요?
10. 마지막 투명 사탕은 왜 아무리 빨아도 그냥 조용했을까요?
11. 동동이는 왜 "나랑 같이 놀래?"라고 말했을까요?

1. 혼자 노는 것이 더 재미있나요? 친구와 함께 노는 것이
   더 재미있나요?
2. 구슬이는 늙어서 눕고 싶어 도망가는데 왜 동동이는 자신을
   싫어한다고 생각했나요?
3. 구슬이는 긴장해서 하품하는데 왜 동동이는 구슬이가
   지겨워한다고 생각했나요?
4. 동동이 아빠가 하신 말씀 중에 우리 부모님이 자주 하시는 말씀
   3가지만 골라보세요
5. 친구들이 자기들끼리만 논다고 늘 혼자 놀던
   동동이가 생각을 바꿔
   "나랑 같이 놀래?"라고 먼저 말했어요.
   동동이의 생각이 왜 바뀌었나요?

1. 알사탕은 평소 잘 알지 못했던 것을 알게 해주는 소리가 들리는
   신비한 사탕이예요
   - 내가 알고 싶은 마음은 누구의 마음인가요?
   - 내 마음을 알려주고 싶은 사람은 누구인가요?
2. 내가 알고 싶은 마음의 주인은 어떤 색(모양)으로
   표현할 수 있을까요?
   나는 어떤 색이나 모양으로 표현할 수 있을까요?
3. 내가 원하는 알사탕을 만들고 <하고 싶은 말>을 써 보세요.

1. 동물원에 가 본 적이 있나요?
2. 나는 유행에 민감한가요?
3. 남들이 가진 것은 나도 갖고 싶은가요?
4. 내가 신뢰하는 것은 무엇인가요?

1. 코끼리는 왜 주름을 없앴을까요?
2. 코끼리는 왜 얼룩말에게 "이 잡지에서 배웠어.
   너도 한번 읽어볼래?"라고 말했을까요?
3. 얼룩말은 왜 잡지를 열심히 읽기 시작했을까요?
4. 판다는 왜 갑자기 그 무늬가 싫어졌을까요?
5. 뱀은 왜 판다에게 "도대체 넌 누구니?"라고 물었을까요?
6. 뱀은 왜 갑자기 부끄러워서 잡지에 적힌 대로 쇼핑을 시작했을까요?
7. 원숭이는 왜 뱀에게 "뱀아, 바지 속에 갇혔구나? 벗겨줄까?"
   라고 말했을까요?
8. 원숭이는 왜 잡지에 적힌 방법을 열심히 따라하기 시작했을까요?
9. 홍학은 왜 '유치한 색인 줄도 모르고 예쁘다고 뽐내고 다녔으니...'
   라고 생각했을까요?
10. 생쥐는 왜 "분홍색이 유치하다니, 누가 그런 말을 해?"
    라고 말했을까요?
11. 생쥐는 왜 갑자기 자기 모습이 한심해 보였을까요?
12. 얼룩말은 왜 "남을 따라할 필요도 없고!"라고 말했을까요?

1. 얼룩말은 분홍색 얼룩무늬 옷을 입고는 왜 자신이
   멋지게 변했다고 생각했을까요?
2. 멋지게 변했다고 생각하는 얼룩말의 물음에 판다는 왜
   "글쎄..."라고 대답했을까요?
3. 판다는 잡지를 보고 자신의 눈 밑의 까맣고 동그란 무늬가
   갑자기 싫어졌어요.
   자신의 눈밑의 무늬가 싫어진 것은 판다의 생각인가요?
4. 지금까지는 아주 고상하고 세련된 동물인줄 알았던 뱀은왜
   갑자기 부끄러워졌을까요?
5. 잡지를 보고 알게 된 사실이 <진실 or 정의>인가요?
6. 내가 알고 있던 사실과 잡지에 적힌 사실이 다를 때는
   어떻게 해야 할까요?
7. 홍학은 사자 모습이 아주 우스웠는데 사자는
   왜 배울 게 참 많다고 말했을까요?
8. 생쥐와 홍학은 분홍색이 유치하다고 생각하지 않았지만
   잡지를 읽고 마음이 변했어요.
   잡지는 이들에게 어떤 의미인가요?
9. <분홍색이 유치하다>라는 것은 누가 정하나요?
10. 동물들은 왜 잡지에 적혀있는 대로 따라했을까요?

1. 시끌벅적 동물원의 동물들을 위한
   "내 생각의 중요성" 대한 <연설문> 써보기
2. 시끌벅적 동물원의 동물이 되어 오늘 일에 대해
   느낀점을 담아 <생활문> 써보기

생각 정리하기

1. 친구들의 별명을 지어보세요
2. 내가 좋아하는 색은 어떤 색인가요? 왜 좋은가요?
3. 나는 마음에 (안)드는데 가족들이 (좋다고)싫다고 한 적이 있나요?
4. 나는 남들과 같은 것이 좋은가요? 다른 것이 좋은가요? 언제 그런가요?
5. 나와 달라서 좋은 친구가 있나요? 어떤 점이 다른가요?

1. 나만 엉뚱한 빨간색인데 왜 엄마 아빠는 깜짝 놀랐을까요?
2. 빨강이의 털이 빨간데 왜 엄마 아빠는 한숨 쉬며 걱정했을까요?
3. 형제들은 왜 "빨강이는 털색이 우리랑 달라, 너무 불쌍해"라고 말했을까요?
4. 다른 고양이들과 똑같으면 왜 시시할까요?
5. 빨강이는 하얘지고 싶지 않은데 왜 엄마는 흰우유를 마시게 했을까요?
6. 빨강이는 까매지고 싶지 않은데 왜 아빠는 까만 생선을 먹게 했을까요?
7. 빨강이는 왜 줄무늬도 얼룩이도 되고 싶지 않았을까요?
8. 빨강이는 줄무늬도 얼룩이도 되고 싶지 않은데
   왜 줄무늬와 얼룩이는 페인트로 무늬를 그려 넣으려고 했을까요?
9. 남들이랑 똑같아야 좋을까요?
10. 빨강이는 남들이랑 똑같아야 좋은지를 왜 곰곰이 생각했을까요?
11. 빨강이는 왜 집을 나왔을까요?

1. 빨강이는 마음에 드는 털을 엄마 아빠는 왜 걱정했나요?
2. 털색이 다른데 왜 불쌍한가요?
3. 빨강이는 원하지 않았는데 가족들은 빨강이가 하얘지고 까매지고 줄무늬를 가지기를 바랐어요. 빨강이 털인데 왜 빨강이가 원하는 것에 귀 기울이지 않았을까요?
4. 빨강이는 남들이랑 똑같아야 좋은 것인지 곰곰이 생각했어요. 가족들은 왜 남들이랑 달라도 좋다고 하는 빨강이에 대해서 곰곰이 생각하지 않았을까요?
6. 빨강이는 자신을 인정해 주지 않는 가족들 때문에 슬펐어요. 빨강이가 슬프지 않으려면 가족들이 어떻게 했어야 하나요?
7. 빨강이가 집을 나오지 않고 가족들과 함께 살 수 있는 방법은 어떤 것일까요?

1. 내가 낳은 빨주노초파남보라 고양이의 이름을 지어보세요
2. 나와 달라서 좋은 친구에 대해 생각해 보고 왜 좋은지 이유를 설명해 보세요

1. 햇살이 눈부신 날은 무엇을 하면 좋을까요?
2. 내가 마음이 평화로워 질 때는 언제인가요?
3. 하고 싶었던 말이 있었지만 하지 못했던 적이 있나요?
4. 나는 상대에게 내가 하고 싶은 말을 잘 전달하는 편인가요?

1. 햇살이 눈부신 날은 왜 시집을 읽기에 좋은 날일까요?
2. 차를 마시며 음악을 듣다 보면 곰씨는 왜 평화로워질까요?
3. 곰씨는 왜 "제 의자에서 잠시 쉬었다 가시지요"라고 말했을까요?
4. 토끼는 왜 자신이 겪은 모험담을 들려주었을까요?
5. 무용가 토끼는 왜 슬그머니 자신의 춤을 보여주었을까요?
6. 탐험가 토끼는 왜 덩달아 춤을 추기 시작했을까요?
7. 토끼들은 즐거워 보였지만 곰씨는 왜 전혀 즐겁지 않았을까요?
8. 곰씨는 왜 토끼들에게 무언가 말을 해야 할 때라고 느꼈을까요?
9. 곰씨는 왜 정작 하고 싶은 말은 꺼내지도 못했을까요?
10. 곰씨는 왜 똥을 누면서 "이렇게까지 하고 싶진 않았어"라고 말했을까요?
11. 곰씨는 왜 "내가 얼마나 노력했는데. 난 다시 없는 친절한 곰이라고"라
    고 말했을까요?
12. 토끼들은 왜 곰씨를 간호해 주었을까요?
13. 곰씨는 왜 울기 시작했을까요?
14. 토끼들은 왜 곰씨를 위로해 주었을까요?

1. 곰씨는 왜 말로 표현하지 않고 다른 방법들을 찾았을까요?
2. 곰씨는 왜 이렇게(똥누기)까지 하고 싶지 않았다고 하면서 왜 이렇게 하고 있나요?
3. 토끼들은 곰씨가 말하기 전에 곰씨가 혼자 있고 싶어 한다는 것을 알고 있었을까요?
4. 토끼들은 왜 곰씨가 혼자 있고 싶어 한다는 것을 몰랐을까요?
5. 토끼들은 곰씨가 원하는 것을 해 줄 마음이 없었나요?
6. 곰씨가 토끼들에게 하고 싶은 말을 하고 난 뒤에 토끼들은 곰씨를 혼자 있게 해 주었어요. 내가 원하는 것을 명확하게 설명하고 존중받았던 기억이 있나요?
7. 곰씨는 토끼들에게 자신이 원하는 것을 이야기하고 나서 혼자 있을 수 있었어요. 곰씨처럼 자신이 원하는 것을 상대에게 설명하는 것이 왜 중요할까요?

1. 내 생각을 상대방에게 자세히 설명해 주는 것이 왜 필요한지에 대해 내 삶의 경험을 예로 들어 〈생활문〉 써보기

생각 정리하기

1. 나는 몇 살인가요?
2. 내 나이에 어울리는 일은 어떤 것이 있나요?
3. 내 나이에 맞는 역할은 어떤 것인가요?
4. 나이 때문에 할 수 없는 일이 있나요?

1. 고양이는 왜 날마다 "할머니도 고기 잡으러 가요"라고 말했을까요?
2. 할머니는 왜 "98살 난 할머니가 고기를 잡는 건 어울리지 않아"라고 말했을까요?
3. 할머니도 함께 가면 고기 잡는 것을 볼 수 있는데 왜 할머니는 가지 않았을까요?
4. 고양이는 양초를 냇물에 떨어뜨렸는데 왜 울면서 돌아왔을까요?
5. 고양이는 할머니를 보고는 왜 전보다 더 크게 울었을까요?
6. 할머니는 왜 "5자루도 없는 것보다 낫지"라고 말했을까요?
7. 할머니는 왜 "5살이면 고기 잡으러 가야지"라고 말했을까요?
8. 할머니는 왜 오랫동안 이렇게 멀리까지 온 적이 없었을까요?
9. 고양이는 왜 할머니에게 "할머니도 한번 해봐요"라고 말했을까요?
10. 할머니는 왜 "나 어째서 좀 더 일찍 5살이 되지 않았을까"라고 말했을까요?
11. 고양이는 왜 "할머니 5살이어도 케이크 잘 만들 수 있어요"라고 물었을까요?

1. 할머니는 98살 난 할머니가 고기잡는 것은 어울리지 않는다고 말했어요.
   - 98살 난 할머니에게 어울리는 일은 어떤 것인가요?
   - 어울리지 않는 일은 하면 안되나요?
   - 어울리는지 안 어울리는지는 누가 정하나요?
2. 나에게 어울리지는 않지만 해보고 싶은 일이 있나요?
3. 나이와 상관이 없다면 무엇이 해보고 싶은가요?
4. 내가 아는 할머니들은 주로 어떤 일을 하시나요?
5. 할머니가 할 수 있는 일에는 어떤 것이 있을까요?
6. 고양이는 할머니에게 <고기잡이>를 권했어요.
   여러분은 할머니에게 어떤 일을 권해주고 싶은가요?
   왜 그 일을 권해주고 싶은가요?
7. 5살 할머니는 할 수 있었던 일을 98살 할머니는 왜 할 수 없다고
   생각했을까요?
8. 할머니는 그대로인데 왜 나이가 달라지면 할 수 있는 일도 달라지게
   되었을까요?
9. 내가 가진 <관념>에는 어떤 것이 있을까요?

1. 할머니에게 권하고 싶은 일에 대해 <제안하는 글>을 써보세요

인지

내가 누구인지?
내가 무슨 생각을 하고 있는지?
내가 중요하게 생각하는 것이 무엇인지?
나를 아는 것이 중요합니다.

존중

생각의 **차이**를 아는 것이 중요합니다.
타인의 이야기를 인정해야 비로소 들을 수 있습니다.
"제대로 듣기", "진짜 듣기"가 무엇인지 알아야 합니다.
듣는 힘은 남의 말을 긍정하는 것입니다.
"네 생각이 그렇구나"라고 말할 수 있어야 합니다.

표현

내가 알고 있는 나에 대해
내가 원하고 있는 것에 대해
내가 하고 싶지 않은 일에 대해
말할 수 있어야 합니다.

자세히

소통

잘 듣기 는 소통의 기본입니다.
소리를 듣는 것이 아닙니다.
생각의 차이를 알고 그 차이를 긍정하는 힘이 잘 "듣는 힘"입니다.
내 말이 맞다고 타인의 생각을 부정하지 않습니다.

두 가지의 생각이 공존 함을 아는 것이 "듣는 힘"입니다.
나도 알고 남도 아는 것이 소통입니다.

남이 깊이 있게 생각해 놓은
책들을 읽기 보다는
짧은 책을 읽고
내가 깊이 있게 생각하는
시간을 갖는 것이
지금 우리 삶에는
꼭 필요합니다

이제 그만 배우고, 깨달은 대로 살아요

그림책으로 만나는 인문학

초판 1쇄 인쇄 2020년 11월 10일
초판 1쇄 발행 2020년 11월 20일

지은이 김기임
펴낸이 김호석
펴낸곳 도서출판 대가
편집부 박은주
기획 · 디자인 (주)생각연구소
마케팅 오중환
관　리 김소영

등록 제 311-47호
주소 경기도 고양시 일산동구 장항동 776-1 로데오메탈릭타워 405호
전화 02) 305-0210
팩스 031) 905-0221
전자우편 dga1023@hanmail.net
홈페이지 www.bookdaega.com

ISBN 978-89-6285-263-9 (03320)